プラズマ現代叢書 7

労働者階級の胎動

マルクス実践論の現代的適用

松代秀樹
真弓海斗 編著

プラズマ出版

労働者階級の胎動——マルクス実践論の現代的適用

目次

Ⅱ　プロレタリアの階級的組織化の論理

〈表紙の絵〉 ウクライナ戦争勃発直後のジェノヴァでの反戦ストとデモ　椛　画

二〇二二年二月、イタリア・ジェノヴァの金属労働者を中心として反戦ストを敢行。主催者は「デモには国旗を持ってこない」ことを求めた。労働者たちは「戦争反対！世界革命を！」のスローガンのもとに赤旗を林立させてたたかった。先頭部隊には移民労働者の顔が見える。

はじめに

ロシア国家とＮＡＴＯ諸国に支援されたウクライナ国家との戦争、イスラエル・ネタニヤフ政権によるガザ人民虐殺ならびにこの国家とイスラム主義勢力との戦争、そして台湾および朝鮮半島をめぐる中国国家とアメリカ国家・日本国家との軍事的抗争。いま世界は危機的様相を呈している。これを根本的に規定しているのは、中国・ロシアを中心とする東側帝国主義陣営とアメリカ・西ヨーロッパ諸国・日本を中心とする西側帝国主義陣営との軍事的・政治的・経済的の角逐である。

それぞれの国家は、労働者たち・勤労者たちを搾取し収奪し抑圧することを基礎にして、彼らにナショナリズムを注入し兵士として互いに殺しあわせているのである。これほど惨(むご)いことはない。

この現状をその根底からくつがえすためには、全世界のプロレタリアートは階級的に団結し、西側帝国主義陣営に属する諸国家および東側帝国主義陣営に属する諸国家を、そして第三の極に位置するグローバル・サウスの諸国家を打倒し、全世界的規模において労働者階級の諸国家を樹立しなければならない。この任務を遂行するわれわれの世界革命戦略は〈反帝国主義・反スターリン主義〉にほかならない。

現代ソ連邦の崩壊を結節点として、ソ連およびその衛星国のスターリン主義官僚はスターリン主義政治経済体制を解体し、これを資本制政治経済構造に改編するとともに、みずからが資本家にのしあがった。

そして中国およびロシアは帝国主義国家に成長した。プロレタリア階級闘争のスターリン主義的歪曲とソ連の崩壊に規定されて、米・欧・日の従来からの帝国主義諸国家は延命した。

まさにこのゆえに、われわれは、米・欧・日の帝国主義諸国家および中・露の帝国主義諸国家を打倒するために、破産したスターリン主義をその根底からのりこえるためのイデオロギー的闘いとこれを物質化する組織的闘いを、したがって全世界的規模での反スターリン主義を支柱としたプロレタリア党の創造と確立を実現しなければならない。この指針を端的に表したものが、現段階における〈反帝国主義・反スターリン主義〉戦略なのである。

われわれはこの戦略にのっとって、日本において労働者たちを階級的に変革し組織するために奮闘するとともに、世界各国のプロレタリア党と連帯をかちとり、イデオロギー闘争をつみかさねてきた。

この闘いの教訓を明らかにしたのが本書である。すべての労働者・勤労者・学生・知識人のみなさんが本書に主体的に対決されることを望む。

二〇二四年九月二四日

編著者

I

全世界的なプロレタリア階級闘争の前進を

14

イスラエル・ネタニヤフ政権によるパレスチナ人民虐殺を許すな！

春木　良

一　イスラエルでゼネスト、五〇万人の反政府デモ

二〇二四年九月二日にイスラエル各地の主要都市で、ネタニヤフ政権の退陣を求めて大規模なゼネストが敢行された。これは労働組合ナショナルセンターの「ヒスタドルート」（Histadrut）が呼びかけた行動で、テル・アヴィヴ国際空港では午前の発着便が欠航となり、また各自治体の業務が一時停止されるに至った。ゼネストは裁判所の命令により当日一四時半に中止させられたものの、前日・九月一日の五〇万人規模での反政府デモと共に、ネタニヤフ政権を着実に追い詰めたのである。

二〇二三年一〇月七日のハマスによる越境攻撃以来、イスラエル国防軍による「報復」によって命を失ったパレスチナ人の数はすでに四万人を超えた。この蛮行に対して、停戦を求める反戦デモが世界各地で巻き起こり、その声はアメリカでもバイデン政権を揺り動かしている。世界各国のブルジョアジーとその政治エリートから「停戦」の圧力を受けながらも、しかし戦争遂行のみが自らの政権を維持するための唯一

の道であると確信しているのがネタニヤフである。この政権は、七月末にハマス政治局長ハニーヤとヒズボラ幹部シュクルを暗殺した上で、全く実現する気のない「停戦」交渉をのらりくらりとかわし、ガザ地区の人々に対するジェノサイドを続けてきた。

そうした中で、八月三一日にイスラエル国防軍はガザ地区南部のラファにあるハマスの地下トンネルから、人質六人の遺体を「発見」した。発表された検視結果によると、六名はいずれもイスラエル軍が突入する直前に銃殺されたようである。ここに示されるように、ハマスはイスラエル軍の手による「奪還」を決して認めない姿勢を、改めて明確にしたと言える。イスラエルの人々もまたこのことを十分に認識しているからこそ、ネタニヤフ政権を打倒してジェノサイドを止めなければ人質を取り戻すことなどいつまでもできない、という切迫した声が広範に巻き起こっているのだ。今や、「どうやったらネタニヤフを追い払える?」(How do we get rid of Netanyahu?) という会話が日常のものとなった。

しかしながら、ネタニヤフをどれだけ強く糾弾し、そして退陣に追い込むことができたのだとしても、イスラエル国家そのものを打倒し解体しなくては、この地域に平和を打ち立てることなどできない。なぜならこのイスラエルは、アメリカをはじめとする西側の帝国主義ブロックが中東での軍事的・政治的支配を維持するという目的で、パレスチナの人々をその元来の土地から暴力で追い出して維持している国なのだからだ。ネタニヤフをはじめとする政治家たち、そしてこれを支える西側帝国主義の国家権力者たちが「恒久平和」を望むことなど決してありえない。だからイスラエルの労働者階級も、自らの「祖国」を守るためにネタニヤフ政権の打倒を目指すという闘いの質にとどまっているかぎりは、平和を実現することはできないのだ。平和のための唯一の道は、イスラエル労働者階級が自らの政府を打倒し「祖国」を解体し、中東・パレスチナの人々と共に、同じ労働者階級としての連帯を創り出していくことだ。

ストライキを指揮した労働組合幹部、アーノン・バール・ダヴィッドは前日の集会の中でこう述べた。「ストライキを政治的な色で染めようとする者は、明日、われわれ〈労働者〉が誰のためにすべてを止めようとしているのかを思い出すべきだ」、「私は、イスラエルのエートスの名において、私たちすべてを諸部族からひとつの国家へと結びつけている運命共同体の名において、この集会に来ている」…云々（ヒスタドルートのＨＰより）。この人物は明らかに、労働者階級がゼネストを発展させて「ネタニヤフ政権打倒」の要求からさらに先へ行くことを恐れている。恐れているということは、そうした闘争がすでに下から始まっているということだ。プロレタリア国際主義に立脚するわれわれ革命的左翼は、〈中東全域でのプロレタリア的解放〉を反戦闘争の方向性として明らかにしつつ、ゼネストを闘うイスラエル労働者階級およびジェノサイドに抗して闘うパレスチナ労働者階級と連帯していこう！

二〇二四年九月三日

二　ハマス一〇・七越境攻撃とネタニヤフ「反テロ」戦争の意味

ガザ地区に侵攻しているイスラエル国防軍（ＩＤＦ）は二〇二三年一一月一五日未明、ハマス軍事拠点が隠されていると見立てたアル・シファ病院の内部へと突入した。

ここで勤務する医療スタッフはその一週間前から、凄惨きわまる現実を伝えていた――「ここは病院の四階ですが、スナイパーがいます。四人の患者が院内で撃たれました」、「病院を出た人の中には、南部を目指す人もいます。そのような家族が爆撃に遭っています」、「シファ病院では今日の朝から、電気も水も食べ物もありません。私たちは限界です」。これは「国境なき医師団」所属の外科医、ムハンマド・オベイド氏の証言である。数千人が避難してきたこの病院には、少なくとも約六〇〇人の入院患者がいて、四〇の早産児が保育器の中にいたとされる。イスラエルが電力供給を遮断したために、保育器も人工呼吸器も機能停止した。その結果、すでに一三日時点で新生児六人が死亡、一五日には集中治療室（ICU）で治療を受けていた六三人の患者のうち四三人が酸素欠乏で死亡した（一七日、病院側は「大半が死亡した」と発表）。イスラエル軍による制圧後、たった一時間に限って現地視察を許可されたWHOのチームは、八〇人以上が病院敷地内に埋葬されたことを確認している（一一月一八日）。現時点で、イスラエルの地上軍侵攻により殺された人々の数は一万四千人をはるかに超える〔追記――すでに四万人を超えている〕。

病院に対する攻撃は、ブルジョア国際法の次元でも認められていない戦争犯罪である。世界各地で多くの労働者・市民が非難の声を上げているのは当然のこと、アメリカ帝国主義の政府当局者でさえ、病院が標的になっていること自体には懸念を示した。そこでイスラエル軍は保身のために、病院内部で発見したというハマスの武器やバイク、「戦闘指揮所」なるものを動画で公開した。だが、そこに映されているのは、MRI検査機器の裏に隠されたカラシニコフ小銃だとか、「防弾ベスト数着、手投げ弾三個、CD数枚、拳銃一丁、ノートパソコン一台、リュックサック一個、ナイフ数本」でしかない（BBCの報道による）。イスラエル国内のメディアでさえ、「一八時間以上捜索したのに、ハマスがいたことを示す証拠としては期待をはるかに下回る」と嘆くほどなのだ（『エルサレム・ポスト』紙）。イスラエル軍は一九日になってようやく、ハマスの「地下トンネル」「司令部」なるものの映像を公開したが、その非人道的攻撃は如何なる理由によっても正当化されるものではない。

とはいえ、ネタニヤフ政権にとって攻撃のための口実は何でも良かったのだ。彼らの狙いは、ハマスを殲滅してイスラエル南部の安全を確保することだけではない。ともかくも地上軍の重火器でもってガザ全体を廃墟にして、この場所でパレスチナの人々がそもそも生活できないようにすることが、彼らの目指すところなのである。まさしくナチスばりのこの野望を露呈させたのが、ガザ住民全員をエジプト領のシナイ半島に移送させるというイスラエル諜報省の文書「政策文書：ガザの民間人口の政治的方針の選択肢」であった（イスラエルのウェブサイト『シチャ・メコミット』（Sicha Mekomit）が入手して一〇月三〇日に公表）。

イスラエル政府は近年、対パレスチナ政策として、ヨルダン河西岸地区とガザ地区とを切り離すことに重点を置いてきたと言われている。すなわち、エルサレムやベツレヘム、死海のような宗教的聖地が多くあり、ユダヤ人入植地も広範囲に確立された前者については、幾重にもわたる分離壁で住民の移動を妨げて徹底的な管理下に置く一方、小規模農業以外には目立った産業もないガザ地区については、これを専ら「天井のない監獄」にするというやり方である。こうしておけば、ハマスをガザ地区の中に封じ込めておくことができるばかりでなく、両地区のパレスチナ人を日常的に難民状態へと陥れておき、必要な時には彼らを出稼ぎ労働者として搾取することができた――これまでは。しかし今回、ハマスによる一〇月七日の大規模攻撃が、状況を一変させた。慢心してきたイスラエル政府は事ここに至って、ハマスのみならずパレスチナ人全体をガザ地区から根こそぎ一掃することを企てている。シナイ半島への強制連行計画は頓挫したものの、パレスチナ人を難民にして他の土地へと――あたかも、古代のユダヤ人のように――離散させることが、ネタニヤフ政権の狙いなのだ。そのためにこそ彼らは、アメリカ製最新兵器の力をもって民家も農地もインフラも灰燼に帰せしめ、ガザを「生存不可能unviable」な状態（サラ・ロイ『ホロコーストからガザへ：パレスチナの政治経済学』）にしようとしている。「我々は人間の顔をした動物と戦っている」（イスラエル国防大臣・ガラント）などと述べて恥じないファシストどもの蛮行を、われわれは絶対に許してはならない。

三　東・西の両帝国主義陣営の激突とパレスチナ問題

イスラエル政府がパレスチナ人民に対して今まさに行使している暴力は、アパルトヘイトだとかエスニック・クレンジングだとかの既存の言葉では収まりきらないほどのものである。これに多くの人々が心を痛め、街頭に足を運んでイスラエル政府に対する憤怒の声をあげている。われわれがここで明確にしておかねばならないのは、今回の戦争が、一つのブルジョア国家とそれに占領された地域の武装勢力との間での局地紛争にとどまるものではない、という点である。そうではなく、このガザでの「非対称」戦争はウクライナ戦争と並んで、東側の帝国主義陣営と西側の帝国主義陣営とがぶつかり合う、その軍事的な発火点たるの意味をもつ。

このことを問わず語りに明かした人こそ、ウクライナ大統領・ゼレンスキーだった。一〇月七日のハマスによる奇襲攻撃の報に接して、彼はすぐに「イスラエルの自衛権支持」の立場から次のように述べた。「イスラエルを攻撃しているのはテロ組織で、ウクライナに攻撃を加えているのはテロ国家だが、本質は同じだ」、「ロシアが何らかの方法でハマスの軍事行動を支援していると確信している」、「今回の危機は、ロシアが世界中で不安定化工作を試みている証拠だ」、云々。〈侵略しているものは誰であり・蹂躙されているものは誰であるのか〉――ゼレンスキーの応援団・「革マル派」中央官僚は、ウクライナ国家防衛の正当性を主張するときに常日頃こう言っているのだが――を完全に取り違えたこの発言は、しかし実のところ、西側帝国主義陣営に支えられたウクライナ国家の権力者ならではの利害関心をあからさまに表白したものである。米・欧が東側の帝国主義陣営との対決においてウクライナ以外の地域でも対処を迫られるならば、遅かれ早かれウクライナ問題は後景に退き、軍事支援予算は縮小される可能性がある。現に、一一月二日にアメリカ下院で共和党の賛成多数により可決された「つなぎ予算」案は、軍事支援の対象をイスラエルに限定したものであった。ゼレンスキーが危機感を抱くのも至極当然である。

かくして「パレスチナ問題」は今や、これまでとは違う意味を帯びてきた。それ故にわれわれはこの紛争の一般的構造を知るだけではなく、今回ハマスによって敢行されたイスラエル南部への一〇月七日の攻撃、その歴史的特質を把握する必要がある。この点で注目すべきは、今回の一連の事態を通じてイスラエルとサウジアラビアとの間の国交正常化交渉が完全に頓挫したこと、そしてアメリカに代わって新たな帝国主義国たる中国が、中東諸国の外交関係を仲介する大役を担い始めたことである。

まだトランプ前政権の時代の二〇二〇年、アメリカ帝国主義は、アラブ首長国連邦およびバハレーンとイスラエルとの間を仲介して「アブラハム合意」を成立させた。この仲介自体、ペルシャ湾岸の産油諸国とイスラエルとの双方に対して影響力を増しつつあった中国に対抗するという意味を含んでいたのだが、これに猛反発したのがガザの地域権力・ハマスであり、イランであった。アブラハム合意の拡大により中東諸国が次々と対イスラエル関係を正常化するならば、これはハマスにとって、パレスチナ国家独立のための後ろ盾を失うことになり、またイランにとっては、ペルシャ湾を挟んだ目と鼻の先にアメリカ帝国主義の軍事的・経済的秩序が打ち立てられることになる。サウジアラビアとイスラエルとの間で国交を正常化させ、関税を課す輸出入品目を大幅に削減する――このような合意がアメリカの仲介により実現目前にまできた段階で、それを打ち砕いたのがハマスによる一〇月七日の攻撃だったのだ。同じムスリム同胞を公然と裏切るわけにはいかないアラブ諸国としては、イスラエルによるガザへの地上軍侵攻に対して抗議する以外にない。ハマスは、イスラエルが凄惨な報復＝ジェノサイドを繰り広げるであろうことをあらかじめ考慮に入れ、それを政治的に利用するつもりで、かのテロ攻撃・人質作戦を敢行したのは間違いない。実際、サウジアラビアは今回の事態を受けてイスラエルとの国交正常化交渉を「凍結」させた（一〇月一五日）。

ともかく、米国の中東政策はイラクでの大失敗に引き続いて、またもや破産を突きつけられた。この空隙をぬって登場してきたのが、中国である。一一月二〇日、サウジアラビア、ヨルダン、エジプト、インドネシア、そしてパレスチナ自治政府の各外務大臣とイスラム協力機構（ＯＩＣ）のタハ事務局長をはじめとする面々が、パレスチナ問題について協議するために北京を訪問した。この場で中国の王毅外相は、アラブ・イスラム諸国の合同代表団が「中国を国際調停のための最初の訪問地としたことは、中国に対する高い信頼を示すものであり、双方の相互理解と支持の素晴らしい伝統を反映するものだ」と誇らしく述べたのである。これは、アメリカ主導の「アブラハム合意」が破産したのを尻目に、今後は中国が主導して中東地域の新秩序を築いていくという意志の宣言にほかならない。

付け加えておくと、中国はイスラエルに対しても影響力を行使できる立場にある。かつてイスラエルは、中国にとってはロシアに次ぐ武器供給国であったし（アメリカの警告により現在は表向き輸出を停止）、中国は、ハイファ港の二五年間にわたる運営権を獲得してイスラエルのインフラ事業に相当程度食い込んでいる。今回、バイデン政権がガザへの全面戦争を再三制止したにもかかわらず、そのコントロールが十分に機能しなかったことの背景には、ネタニヤフ政権がこれまでの対米依存から脱却して中国をもう一つの戦略的パートナーとして位置づけ始めていたことがある。悪評の高い司法制度改革案と度重なる汚職の故にイスラエル国内での支持を失っていたネタニヤフに手を差し伸べていたのは、習近平政権であった。こうしてアメリカの没落を尻目に、中国は新しい帝国主義陣営として台頭しつつあるのだ。

このようなパワー・ゲームの中で「パレスチナ問題」は、東西の帝国主義ブロックが互いに駆け引きのために利用する材料のひとつであるにすぎない。このことを承知の上でハマスは、イスラエルが報復攻撃の中でつくり出した「人道危機」を十分に利用して、アラブ・イスラム諸国とアメリカ帝国主義との間に楔を打ち込むことに成功したのである。

四　全ての労働者は一切の民族主義的・宗派的分断を越え、中東全域のプロレタリア的解放のために共に闘おう！

ネタニヤフ政権によるジェノサイドに抗議する運動は今や全世界に広がっている。イスラエル国内での反戦の声は、人質解放のために停戦を求めるデモにとどまっている一方、アメリカでは在米ユダヤ人が「われわれの名で戦争をするな（Not in our name）」と声を上げ、ワシントンの連邦議会ビルに突入する闘いを繰り広げて三〇〇人余の逮捕者を出した（一一月一八日）。パレスチナへの連帯を口にすればすぐに「反ユダヤ主義」だと悪罵が飛んでくるヨーロッパにおいても、ジェノサイド反対の運動は粘り強く続けられている。こうした各地での闘いと連帯し、われわれはプロレタリア国際主義に立脚して、パレスチナ人民虐殺に反対する闘いをそれぞれの職場・学園・地域からつくりだそう！

言うまでもなく、イスラエル人民とパレスチナ人民とが同じ労働者階級として連帯をかち取り、ネタニヤフ政権打倒のために闘うことこそが、「パレスチナ問題」を解決する唯一の道である。そのためにわれわれは、イスラエルの労働者階級に対してはシオニズムのイデオロギーからの決別を呼びかけ、パレスチナの労働者階級に対してはアラブ民族主義ならびにイスラーム復興主義との対決を呼びかける必要がある。

たしかにハマスによる一〇月七日の攻撃は、イスラエルの軍事的支配の下で絶望的な状況に置かれていた人々から喝采を集めた。これまで二次にわたる大規模な「インティファーダ」はその都度圧倒的な軍事力で鎮圧されてきたし、またイスラエル領内での自爆攻撃――二〇〇二年、ジェニン大虐殺に抗議して「眠れるアラブの戦士よ、目を覚ませ」との遺書を残して殉教した女子学生、アヤト・アフラスの名前を記憶している人も多いはずだ――は、分離壁の建設と厳しい検問体制によりきわめて困難となった。ガザが完全封鎖されてからすでに一六年、十分な上下水道も電力も医薬品もなく、若者の失業率は七割にも上って自殺者があとを断たない絶望状況の中で、抵抗の術を次々と剥奪されてきたのがパレスチナの人々である。今回イスラエルの間隙をついてハマスが敢行した越境攻撃、その報に接した人々の胸のすくような思いはいかばかりであったか、と思う。

しかしながら、イスラーム復興主義に基づきテロを主要な闘争手段とするハマスの下では、パレスチナ解放の達成はいつまでも不可能である。すでに長年、「イスラエル人」と「パレスチナ人」とが民族的・宗派的に対立させられている中で、イスラエルの支配階級と被支配階級とを区別することなく一様に「ジハード」の対象とするようなハマスの戦闘は、双方の間の憎悪を一層かき立てることにしかならないからである。この分断を、東・西の帝国主義ブロックそれぞれが政治的に利用していることを忘れてはならない。そして一〇月七日のテロ攻撃では、ユダヤ人ばかりでなく東南アジアからの移民労働者もまた多く殺害されたことも、ここに銘記しておくべきだろう。

今や世界は、米・欧・日を中心とする西側の帝国主義陣営と、ロシアおよび中国を中心とする東側の帝国主義陣営とが対峙しあい、いわゆる「グローバル・サウス」諸国がその間に第三極として振る舞う、三つ巴の構図を呈している。ここにおいてハマスは、権力政治の論理の中へと自ら入り込み、自らの政治的利害のためにパレスチナ人民の生命をも利用している。この意味で彼らは、今はどれほど多くの民衆から信頼されていようとも、すでに一個の地域権力としてパレスチナ人民を上から支配する存在なのである。

したがって、われわれプロレタリア国際主義の立場に立脚する革命的左翼は、イスラエル・プロレタリアートに対してネタニヤフ政権を打倒するべきことを呼びかけると共に、パレスチナ・プロレタリアートに対してはハマスからの決別を呼びかけていくのでなければならない。その際、欧米左翼の一部諸君のように、ハマスをはじめとするイスラーム復興主義勢力を「反動的テロリズム」だとかのレッテル貼りをもって批判するのは、誤謬である。それは外在的批判でしかなく、何故にハマスがパレスチナの民衆から今なお支持されているのかをつかみ取ることができないまま、イスラーム復興主義勢力を専ら「中東ブルジョアジー」やイランの「律法学者のレジーム」によってテコ入れされた存在だと見る以外にない。ハマスのテロリズムにプロレタリア国際主義を対置して後者こそが〝正しい〟立場であると原則的に主張するにとどまっている限り、絶望の中でテロリズムという術にしか訴えることのできないパレスチナ人民の内面に迫ることも、いわんや彼ら・彼女らがハマスから決別し革命的階級として自らを組織するよう促すことも、不可能である。

欧米左翼の諸君がそうした限界を突破できていない根本的な理由は、スターリン主義の破産を〈いま・ここ〉で超克していくという実践的立場を欠いているからだ。「前近代的」とも言われるイスラーム復興主義勢力がこの二一世紀に伸長しているのは、二〇世紀にソ連・スターリニスト官僚がパレスチナ解放機構（PLO）のゲリラ戦を支援する形で主導した「民族解放闘争」が挫折したことに基づく。すなわちそれは、ユダヤ人とパレスチナ人とが共存する「民主的・非宗教的パレスチナの建設」を名目上では掲げながらも、事実上は一九四七年の国連決議に基づき、歴史的パレスチナの地における「アラブ人国家」「ユダヤ人国家」「特別都市エルサレム」の併存を肯定する以上のものではなかった。スターリニストの利害関心は、将来において独立するべきパレスチナ国家を周辺のアラブ諸国と共にソ連の勢力圏内へと取り込むことにあったのだ。しかし、親ソ連的な「汎アラブ主義」諸国における「非資本主義的発展」が行き詰まりを見せ、その後のスースロフ的な「革命の輸出」方式もまた破産した。イスラーム復興主義勢力は、まさしく「一国社会主義」の地理的拡大をもって「民族解放」の達成を目指すスターリニスト方式が破産したが故に、ムスリムの心をとらえたのである。われわれは、この破産したスターリン主義を根底から否定することによってイスラーム復興主義をのりこえ、プロレタリア国際主義を貫徹するのでなければならない。その拠点こそ、世界革命の立場にほかならない。

全ての労働者・学生・知識人諸君!

エジプトやカタールを仲介国としたイスラエル政府とハマスとの停戦協議は、今なお暗礁へ乗り上げている。それというのも、ネタニヤフ政権は今後もガザ地区に軍を駐留させ続けることに固執しているからだ。否むしろこの——汚職に満ちた——政権にとっては、今後も戦争を遂行し続けることこそが、「戦時内閣」としての自らの地位を維持する唯一の道なのである。西側帝国主義諸国家の権力者たちはこのネタニヤフ政権に対して、言葉の上では不快感を露わにし「国際人道法違反」を言い立てながらも、しかし「イスラエル国家の自衛権擁護」=ジェノサイドへの支持を決してやめようとはしない。テヘランやダマスクスに対するイスラエルのミサイル攻撃は明らかに西側帝国主義陣営の支えがあって可能となった攻撃である。このようにして、戦争放火者どもは中東の「火薬庫」で次々と火を投じているのであり、それは東・西の帝国主義ブロック相互の衝突のもとで、遠くない将来に世界中へ飛び火していくだろう。だがわれわれは、数多の人々の血が流されていくのをただ座視するわけにはいかない。全ての皆さん！　国際主義に立脚し、労働者階級の階級としての組織化を推進することを基礎にして、パレスチナ・イスラエル全域でのプロレタリア的解放のために共に闘おう！

二〇二三年一一月二六日〔二〇二四年九月八日追記〕

第二回ミラノ「国際主義者会議」をかちとる

春木　良

一　革命的左翼の現在的任務——破産したスターリン主義をのりこえるために

〔二〇二四年二月一七日・一八日の二日間にわたり、イタリア・ミラノ市内にて第二回の「国際主義者会議」が開催された。今回の議題は「列強間の闘争における決定的なポイント：ウクライナから台湾、アフリカから中東まで：労働者階級としての対応のために」である。ウクライナに続いて中東でも夥しい数の人々が死に追いやられている中で、この危機を突破するべき革命的左翼の分裂は、なお克服されていない。そうした中で、イタリアの共産主義組織「ロッタ・コムニスタ」を中心とする実行委員会が呼びかけたミラノ国際会議の場は、世界各地域の団体が率直に意見を交換し批判し合うことのできる貴重な場となっている。わが革共同・探究派は、昨年に引き続いて今回もまた、プロレタリアートの国境を超えた団結を創造するための方向性を提起してきた。今回ここに掲載するのは、会議のためにわれわれが事前に提出した論文の邦訳である（英語原文は、実行委員会が編集して発行する冊子に収録される予定。前回会議の記録は

https://www.internationalistbulletin.comを参照のこと)。――二〇二四年三月三日　春木　良〕

イスラーム主義組織ハマスによる二〇二三年一〇月七日の攻撃と、それに対するイスラエル政府の報復は、ウクライナ戦争とともに、帝国主義世界秩序の危機を改めて告げ知らせた。二〇二〇年のいわゆるアブラハム合意の後、イスラエルとサウジアラビアの間で新たな「和平」を調停しようとした米国の試みは完全に失敗した一方、習近平率いる中国は、アラブ側とイスラエル側の双方に対して「和平」の新たな仲介者として台頭しつつある。西と東それぞれの帝国主義陣営は、いわゆるグローバル・サウスの重要な一部であるイスラーム世界を自らの勢力圏に取り込むために、激しい対立を繰り広げているのだ。

この間に、イスラエル軍による攻撃で虐殺されたパレスチナ人の数は二万二千人を超えた〔これは執筆時の数字で、二〇二四年夏の時点では四万人以上が殺された〕。ネタニヤフ政権はこの機会にハマスを殲滅するのみならず、ガザ地区の生活諸条件を破壊し、この地域を「存続不可能」にしつつある。われわれ革命的左翼は、相手を「人間動物」(ガラント国防相)などと呼んで恥じない現代のファシストたちのこの蛮行を許してはならない。パレスチナにおけるジェノサイドを阻止するためにも、そしてウクライナにおける帝国主義戦争を終結させるためにも、プロレタリアートの国際的団結を創造するために闘おう！　以下では、これを達成するために必要な闘いの方向性に関して、われわれ探究派の見解を簡潔に述べておく。

(1)

中東における残虐な戦争は、ただプロレタリアートの国際的連帯の力のみによって終わらせることができる。イスラエルそしてパレスチナの両プロレタリアートは、民族的・宗教的出自に関わりなく、同じ労働者階級として団結すべきである。われわれ革命的左翼の要求は常に、イスラエルを含んだ中東全域のプロレタリア的解放である。

しかしながら問題は、この要求を実現する政治勢力がイスラエルにもパレスチナにも存在しないことにある。イスラエルのホロコーストに対する闘いを主導しているのは、イスラーム主義者たちなのだ。われわれは、この冷厳な事実を認めることから議論を始めなければならない。無論、イスラエルの労働者階級とブルジョアジーを区別しないテロリズムは、プロレタリア的連帯の可能性を破壊するだけなのだが。帝国主義的秩序に対抗する闘いがイスラーム主義によって掌握されている状況を、いかに変革することができるのか――これこそ、われわれが考えなければならない問題である。

現時点、ヨーロッパの左翼はこの問いに明確な答えを出していないという印象をわれわれはもつ。例えばIMT〔国際マルクス主義潮流〕は、「勝利までインティファーダを」というスローガンを打ち出した。もちろん、抑圧された人々と連帯し、彼らの自由を求める闘いを支持するのは正当である。しかしながら、過去二回にわたるインティファーダはイスラエルの圧倒的な軍事力によって粉砕されたのであり、だからこそパレスチナの人々は、自爆を含む絶望的なテロリズムに抵抗手段を求めるしかなかったのだ。次なるインティファーダを呼びかける共産主義者たちにとっては、パレスチナにおける抵抗闘争の主役がハマスであるという事実は、まるで存在しないかのようだ。彼らにとってハマスとは、ガザに対する暴力的支配を「テロとの戦い」としてイデオロギー的に正当化する口実をイスラエルに与えるだけの反動的な挑発者なのである。しかし、そのことに目を奪われるならば、何故にハマスがパレスチナの人々からこれほどの熱烈な支持を受け続けているのかを理解するのが困難になる。ＩＭＴの同志たちは、「アラブ人であれイスラエル人であれ・イスラーム教徒であれキリスト教徒であれ・ドゥルーズ教徒であれユダヤ教徒であれ、すべての人民に故郷を提供する」、そのような「自発的な社会主義連邦」を創立すべきだと主張している。このヴィジョンがどれほど魅力的であるとしても、中東においては、ナショナリズムの相互衝突が一層進行しているのが現実であり、プロレタリア国際主義の理念は信用されていないのだ。われわれはこの状況を認識し、なぜこのような事態になったのかを省みなければならない。

（2）

中東におけるマルクス主義の信用失墜とイスラーム主義の拡大は、スターリン主義の破産について省察しなくては理解できない。イスラーム主義が支配的な運動の一つであるからといって、それを中東ブルジョアジーの反動的イデオロギーと定義するのは性急すぎる。なぜなら、イスラーム主義は自らを反帝国主義闘争の勢力として自負しているからである。スターリニストが労働者階級を組織化して社会主義革命を遂行するのに失敗したからこそ、反帝国主義闘争は今日、イスラーム主義に取って代わられたのだ。

実際、イスラエルの占領下で長期間にわたり抑圧されてきたパレスチナ人民は、社会主義者よりもイスラーム主義者を信頼している。われわれが単にイスラーム主義に対してプロレタリア国際主義を対置して、後者こそが「正しい」のだと原則的に主張するのでは、ムスリムの心に入り込むことはできない。ハマスから決別し革命的階級として自らを組織化するよう中東の労働者たちに促すためには、イスラームの復興主義イデオロギーがなぜこの現代世界において依然として強力な力を持っているのかを認識しなければならない。

この点で注目すべきは、中東の国民国家が、西側資本主義とは異なる政治経済システムを志向していたことである。この関連において、重要な役割を果たしたのはソ連邦であった。すなわちスターリニスト官僚は、ここに「非資本主義的発展の道」の可能性を見出し、この地域に経済的・軍事的支援を提供することで自らの勢力圏を拡大しようとしたのである。ソ連邦によるＰＬＯへの支援は、アメリカ帝国主義とイスラエルとの同盟に対抗するものでもあった。

だがスターリニストの「後進国における革命」の試みは、それが「一国社会主義」の地理的拡大にすぎなかったのであるから、最初から破綻を運命づけられていたと言うほかにない。彼らの手口は次のようなものだった。（1）民族ブルジョアジーの「進歩的な」部分を見つけ、そして現地の共産党をこの体制に協力させること。この場合、ソ連邦は「非資本主義的発展」を支援するために、民族ブルジョアジーとの直接的な協力関係を作り出した（イラクやシリアなど）。（2）あるいは、ソ連が支援できるほど十分に発展した民族ブルジョアジーが存在しない国の場合、スターリニストは親ソ将校団に命じて軍事クーデターを起こさせ、権力を掌握させて最終的にはソ連軍を直接介入させた（アフガニスタン、これはミハエル・スースロフ的な「革命の輸出」方式に基づく）。

いずれの場合にせよ、スターリニスト官僚は「上からの」命令によって伝統的なイスラーム共同体を暴力的に解体した。これに対するムスリム住民の反乱は決して軍事的に抑圧できないのであり、だからこそあらゆる親ソ政権が崩壊せざるを得なかったのである。まさしくスターリン主義の破産こそが、イスラーム主義が民衆の支持を獲得することを可能にしたのだった。

パレスチナの状況も基本的には同じである。「民主的・非宗教的パレスチナ」というスローガンを表向き掲げてはいたものの、スターリニストは実際には、パレスチナ人民を冷戦のサッカーボールとしてしか扱わず、イスラエル人とアラブ人の連帯を組織することは決してなかった。ハマスが闘争の主流として登場したことは、旧来のＰＬＯにおける親ソ的な諸派の破産を意味している。言うまでもなく、この代替勢力たるハマスが、パレスチナ解放闘争により良い未来をもたらしたのでは決してない。

（3）

われわれは、この現下の危機についてのマルクス主義的分析を深め、階級闘争を前進させる方向を探求しなければならない。この課題は、理論的分析の観点からだけでなく、階級闘争の主体の立場において追究されるべきである。帝国主義の世界秩序が危機にあるからといって、革命的主体が自然発生的に成長するわけではないし、革命的指針を与えれば労働者階級が革命的に闘いうるのでもない。

筆者は今まさに、「階級闘争の主体」と記した。つまり、世界革命を掲げるわれわれ国際主義者は、各国の階級闘争の現実に内在しなければならないのである――たとえ実際にはその場に実存するのではないにせよ。革命的左翼とは、状況を静観して、マルクス主義の原則をただ宣言するだけの者ではない。スターリニスト的「革命」の破産をのりこえることによってのみ、われわれは実際に国際主義を実現することができる。すなわち、スターリニストたちが、一連の「社会主義的」近代化を上から実施すべくして失敗したのに対して、われわれは今・ここで、「下から」階級闘争を前進させるために闘うことが問われている。中東のプロレタリアートをイスラーム主義から解放しうるか否かは、われわれが革命のための具体的方向性をどの程度示すことができるかにかかっているのだ。

このような追究は、われわれ自身のイニシアティヴを前提としている。われわれは、労働者階級の前衛たることを目指して、革命的な方向性を提示できなければならない。この意味において、レーニンの『何をなすべきか』が依然として重要な意義をもつことは明らかである。しかし、われわれの任務は、革命的意識をもたらすことに限定されるのではない。なぜなら、われわれ党員自身もまた一人の労働者として、プロレタリア階級の一部として実存しているのであり、階級の外にいるのでは決してないからである。社会民主主義者やスターリニストによって組織された既成の労働運動はすでに破壊され、ブルジョアジーの側に組み込まれている。だからこそわれわれが、あらゆる場所で階級闘争を推進する先頭に立たなければならない。われわれは階級闘争の主体として、仲間を組織し、闘争をゼロから創造し、仲間たちを革命的階級へと引き上げるのでなければならない。このような問題関心に基づいて、わが探究派は、職場と地域における実践的経験を積み、労働者階級を階級的に組織化するための理論的教訓を積み重ねてきた。各国の階級闘争を前進させ、プロレタリアートの国際的団結を獲得するために、まさにこの点について議論することを呼びかける。同志諸君！　共に闘おう！

（日本革命的共産主義者同盟・探究派　二〇二三年一二月三一日付）

二　プロレタリアートの階級的力を創造し強化するために、全世界の革命的左翼は自らの組織実践を教訓化し普遍化していこう！

〔以下は、イタリア・ミラノで開催された第二回「国際主義者会議」出席者に向けたわれわれ革共同・探究派のメッセージを邦訳したものである。今回は現地に赴くことができなかったため、私が以下の文章を英語で読み上げてその動画を実行委員会に送付し、二月一七日当日に会場で放映してもらう形をとった。
――春木良〕

同志の皆さん！

ウクライナとパレスチナで帝国主義戦争が継続している中で、国際主義者が一同に会し、プロレタリアートの革命的団結の方向性について討論する機会が再び設けられたのは、きわめて意義のあることです。この会議を設定してくれたイタリアの同志たちに心からの感謝を表明するとともに、今回ミラノに来られなかったことを私はとても残念に思います。左翼諸組織間の不和は未だ深刻であり、また各国それぞれの組織内部では、意見対立がそのまま分裂を引き起こすという悪しき傾向が未だ克服されていません。前回の会議において、私たちはたしかに、統一見解を決議することも具体的な闘争の方針を確定することもしませんでした。しかしこのことは、ミラノでのこの会議が単なるサロンの場であることを何ら意味するものではありません。左翼の分裂を克服して、異なる立場の諸団体が意見交換する機会を確保することだけでも大変な労力がいることです。フランスNPAの諸君が述べていますように、「ミラノ国際会議には限界があり、それは誰の目にも明らかである。しかし、その存在そのものが、革命的組織間の交流を可能にする重要な一歩を示している」。これからも、〈批判の自由・行動の統一〉というボリシェヴィキ的原則に立脚して、革命的インターナショナルの建設のために討論を進めましょう！

さて、皆さんの提出した論文に目を通しての感想をまずは述べておきたいと思います。イスラエルによるパレスチナ人民大虐殺、そしてウクライナにおける東と西の帝国主義ブロック間の戦争に対して、全ての同志が反対しています。帝国主義戦争のグローバルな拡大に断固反対すること、これが、革命的左翼としての私たちに共通の土台です。その上で、私たちの間には見解の相違点があります。

最も焦点になっているのは、ロシアの侵略で殺されているウクライナ人民に関して、そしてシオニスト国家によって今も虐殺されているパレスチナ人民に関して、私たちが「民族自決権」支持のスローガンを打ち出すべきなのか否かという問題です。この点に関して私たち探究派は、昨年夏の会合において、国際主義者がブルジョア民族主義の要求を代弁するべきではないことを主張しました。私たちの見解は、例えばロッタ・コムニスタの同志たちの見解と近しいのですが、しかし同じではありません。ロッタ・コムニスタは、レーニンの時代の「共産主義者は、共産主義革命の時期を早めることができる場合にのみ、ブルジョア民主主義革命を支持した」と指摘して、「民族自決権」のスローガンの有効性に歴史的な限定をつけています。たしかに、植民地解放を目指した二〇世紀前半の各地における闘争は、帝国主義的世界支配を打ち破るための重要な軸をなしてきたのですが、今日なお「民族自決権」を擁護することは、革命的左翼が自らをナショナリズムの呪縛にしばりつけることになり、それればかりか「ウクライナ国家の主権」あるいは「パレスチナ独立国家樹立」を主張して戦争を正当化する東あるいは西の帝国主義ブロックを利することになります。この点で、ロッタ・コムニスタの同志たちの主張は正しいと思います。

しかし私たち探究派があえてこれに付け加えておきたいのは、革命的左翼は「国民国家」そのものを否定しなければならない、ということです。マルクスとエンゲルスは『共産党宣言』において、「プロレタリア革命は内容からすれば国際的だが、その形式からすれば一国的nationalである」と書きました。このことの意味は、プロレタリアートはまず民主的なブルジョア国家の建設に参画せよ、ということでは決してないのです。たしかに当初のレーニンは、帝政ロシアを打倒する戦略として、ブルジョア民主主義革命および「民族自決」の実現の後に社会主義革命の達成という二段階を構想しました。しかし彼がこの二段階戦略を、いわゆる「四月テーゼ」において実践的にのりこえたのだということは、皆さんご承知の通りです。「民族」それ自体が、ブルジョアジーがプロレタリアートを国家の支配下に統合するための虚構的な概念なのですから、「民族自決」の延長線上でプロレタリア革命の展望がひらけてくるかのように考えるのは間違いです。西側帝国主義陣営に属する北米・EU・日本その他では、すでにブルジョア・デモクラシーが制度化されています。そうした今日、私たちが掲げるべきスローガンは、プロレタリア革命への呼びかけ以外にはありえないです！　パレスチナ問題に関しても、私たちは「パレスチナ独立国家樹立」ではなくして「ユダヤ、アラブの民族的・宗派的対立を克服した中東全域のプロレタリア的解放」でなくてはなりません。

さらに加えて私が指摘しておきたいのは、「民族自決権擁護」を主張する諸君は実のところ、プロレタリアートへの不信を抱いているのではないか、ということです。すなわち、プロレタリアートがなお自らを革命的階級として組織しえていないという現状、あるいは同じことですが、革命的左翼が前衛党としてプロレタリアートを革命的階級として組織しえていないという現状、この現実を悲観している人々こそが、現にあるところのウクライナやパレスチナの「民族」的な闘争のエネルギーに追従したがっているのではありませんか。こうした傾向を最も顕著に見てとることができるのは、ウクライナの「社会運動」（ソツィアルニー・ルフ）などの「自発的な」「レジスタンス」への連帯・民生支援を呼びかける、西側のグループにおいてです。そうした人々が、ウクライナのナショナリズムを擁護することによって労働者階級をグルーピングしているのと同時に、エコロジーやフェミニズムを党の戦略的スローガンにまで高めているのは決して偶然ではありません。そうした諸組織は、要するに、プロレタリアートの階級的力への不信を暗に抱いているのだと私は思います。しかし不信の目を向けるべきはプロレタリアートの側に対してではなく、プロレタリアートを組織化できていない自分たちの側に対して、ではないでしょうか。

かつて社会民主主義者やスターリニストが組織していた労働運動は今日、独占ブルジョアジーによって壊滅させられました。この現実を大胆にひっくり返していくために、われわれ革命的左翼がそれぞれの労働現場で如何にして階級闘争をゼロから創造していくのかが、まさしく問われているのです。たしかに、ブルジョアジーが搾取を強化している中で、アメリカや英国やヨーロッパ、そして日本でも、労働者たちがストライキ闘争を繰り広げて果敢に抵抗を試みてはいます。だがこれらの英雄的な闘いはなお散発的であり、革命的左翼が組織したものだとは到底言えません。そうした戦闘的な労働運動に対してその外部から革命的な闘争指針を注入するというのが従来のトロツキズムの伝統でしたが、それでは明らかに不十分なのです。

このような見地に立って私たち革共同・探究派は、それぞれの党員自身が自らの職場において仲間たちに働きかけ、彼・彼女らを労働者階級の一員として強化し組織するという活動をこのかん繰り広げてきました。この活動の只中で私たちは、職場の同僚たちに対する自分の従来の関わり方を不断に反省して自己を変革することによって、同僚たちもまた自らをプロレタリアとして自覚し戦闘的労働者へと脱皮していく、というあり方を現実に経験してきました。それぞれの職場において、産業下士官たちが労働強化の攻撃をかけてきたその時々に私たち党員が一労働者として、この攻撃に対決する闘いの最先頭に立つことによって同僚たちから信頼をかち取り、そしてまた彼・彼女ら同僚もまたわれわれ革命的左翼の姿を見ることによって、自らの革命的階級としての内なる力を自覚すること。これこそが肝要なのです。職場でのこの闘いなくして、ただ外部からのプロパガンダだけでは、戦闘的労働運動の再生も、また労働者評議会結成への展望も、何らひらけてくることはないでしょう。

私たち探究派は、腐敗した革共同・革マル派から分裂した、なお小さな組織です。私たちに比すれば、この会場に結集している皆さんの方が、それぞれの職場そして労働組合の指導部に党員を有していることと思います。「革命的な階級意識」を労働者たちに注入するというレーニン的戦術、あるいはプロパガンダの重要性を強調する同志たちは、実のところ実践的には、私がさきに述べたような職場深部からの階級闘争の推進について、多くの教訓を積み重ねてきたはずです。皆さんが自らどのようにしてプロレタリアートを組織してきたのかについて、教訓を振り返り理論化して、それを全世界の革命的左翼へと共有し普遍化してくれることを、私は切に希望しています。そしてこのプロレタリアートの階級的組織化をめぐって、プロレタリア権力の樹立をいかに達成するべきかをめぐって、今後も同志的な討論を繰り広げていこうではありませんか。この国際会議では、今日の世界情勢への対応が議題の中心にあり、情勢分析に関する見解の相違は容易に揚棄しがたいものです。そうした相違を理由にして私たちの間の分断を深めるのではなく、革命的インターナショナルの創成を目指す同じ仲間として、階級闘争の推進という共通の問題を議題にすることを、私たちは皆さんに呼びかけます。私たちは是非とも皆さんから、学びたいのです。同志諸君！　共に前進していこう！

（二〇二四年二月一七日　日本革命的共産主義者同盟・探究派）

三　第二回ミラノ国際主義者会議から全世界の革命的左翼に向けたアピール文

〈以下は、二〇二四年二月一七日・一八日両日にわたってイタリア・ミラノで開催された「国際主義者会議」の締めくくりに実行委員会が提起したアピール文である。わが探究派もまたこれに賛同し、署名した。文末にあるように、次回会合の開催は一年後に予定されている。――春木良〉

ＩＭＦの算出によれば、一九九八年時点における世界全体の生産量では、先進国が五七％、新興国が四三％を占めていた。だが二〇二二年にはその比率が逆転し、新興国が五八％、先進国が四二％になったという。これほど重要で、かつこれほど短期間で経済大国が交代したのは、帝国主義の歴史上、類例がない。台頭している中国とインドがこの地殻変動の発生源であり、この第一級の変化は国家システム全体に政治的な波紋を投げかけている。

国際関係における大混乱の時代が幕を開けた。新旧の諸勢力が、競争相手に対する優位を獲得するべく熾烈な争いを繰り広げている。猛烈なスピードで様々な協定が結ばれ、また衝突が繰り返され、次々と経済的・軍事的同盟が結成されている。これこそまさしく、戦争への傾向が急速に進行しつつあるところの、多極化世界である。この対立関係を、民主的レジームと専制的レジームとの対立であると描き出しているのが西側の帝国主義諸勢力であり、これに対して新興諸勢力は、西側の秩序が不公正であるとみなして、それに疑問を投じるよう他国にも迫っている。再軍備プログラムや軍事計画が、核兵器を使用する可能性の検討をも含めて――この兵器を現在所有している勢力だけが企てているのではない――至るところで進められている。核爆弾に関して公然たる議論が行われているのは、ベルリン、ソウル、東京、キャンベラ、リヤド、テヘラン、アンカラ、ブラジリアにおいてである。武力紛争はより一層その頻度を増し、激烈になっている――ウクライナ、コーカサス、アフリカ、そして中東から、台湾や東・南シナ海をめぐる一触即発の緊張に至るまで。没落しつつある旧来の帝国主義諸国家と、新たに台頭しつつある帝国主義諸国家、そして諸々の地域大国が対立し合う、そのような新時代が幕を開けつつある。

二〇世紀の大虐殺を導いた帝国主義戦争という構想がこの巨大な構想で再び現出しつつあるのに直面して、われわれは、ブルジョア支配と資本による戦争の一切に反対する労働運動において、国際主義者の組織間での対話を発展し強化することが不可欠であると考える。

国際主義者はその諸活動において、移民に関するEUおよび他の旧勢力の帝国主義的政策に反対する必要もある。すなわち、移民のプッシュバック、隔離、生命を脅かす蛮行からなる帝国主義的な同化政策がそれだ。われわれは、すべての国の労働者の団結を守らなければならない。新たに到着する人々は階級闘争を強化するのであり、われわれは一切の差別なしの移民受け入れを求める。

この二日間にわたり、「列強間の抗争の重要なポイント：ウクライナから台湾へ、アフリカから大中東へ：階級的対応のために」を主題とする国際主義者の会議が開催された。世界分割をめぐる新旧の強奪者間での闘争の展開とその反響、帝国主義諸国と全世界における階級闘争の役割、われわれ階級的諸勢力の現状と潜在的な展望、帝国主義の完全な円熟期における民族問題——こうした問題についての二〇二三年七月に開始された率直で建設的な討論を、われわれは今回継続してきた。

われわれは、帝国主義が世界中の労働者階級を分裂させるために用いるあらゆる民族主義的な態度やイデオロギーに反対して、プロレタリアが声をあげる必要があると確信している。

プロレタリアートは、その数において巨大な力を持っており、数十億の賃金労働者が「最強の権力」として行動するならば、すべてのブルジョアジーを一掃することができるのだ。しかしながら、この現代の野蛮に対するわが階級の対応は、出来合いの仕方であってはならない——国際情勢については綿密な分析が必要である。

この目的のために、われわれはすべての組織に、相互対話を拡大し促進するよう呼びかける。これが実現可能な課題であることは、プロレタリア国際主義の「家族」、すなわちトロツキスト、共産主義左派、アナキスト、リバタリアン共産主義者――これらに属する多くの組織が踏み出した最初の一歩によって証明された。

われわれは、あらゆる範囲で議論されたそれぞれ異なるスタンスを、多くの国々の同志にとってアクセス可能なものにするのを目標としていることを、再確認する。われわれの内で誰一人として、視点・評価・分析に関して昨今生じているところの相違を隠蔽することには何の関心ももたない。

会議のために寄せられた論文や報告は、『インターナショナル・コレスポンデンス・ブレティン』第2号に収録され、第1号と同じように、可能な限り最大の発行部数が確保される予定である。

国家そしてブルジョア的支配に反対し、すべての国の労働者の団結を基礎とした政治行動をとるあらゆる組織に対し、われわれは対話の呼びかけを再開する。

この二日間の会議に基づいて、われわれは、この対話を継続し更新し発展させるために、二〇二五年前半の間に第三回国際会議を開催することを提案する。実行委員会は、今回の会議を踏まえて討議テーマを提案する予定である。

労働運動における国際主義の伝統を引きつぐすべての組織に、改めて招待を行う。

（二〇二四年二月一八日　ミラノ国際主義者会議参加団体一同）

四　イタリアの同志たちからの通信

〔本年二月一七日・一八日の二日間にわたってイタリア・ミラノで開催された「国際主義者会議」に関して、実行委員会の構成団体である「ロッタ・コムニスタ」の同志から寄せられた意見を要約する形で紹介し、われわれの態度を明らかにしておきたいと思う。――春木良〕

1　民族問題をめぐって

「革マル派」中央官僚は昨年末、「笹山登美子」に「ロッタ・コムニスタはプーチン擁護をやめよ！」と題する駄文を書かせ、「解放」（第二七九六号）に載せた（『新世紀』第三二九号に再録）。これは、ウクライナ防衛戦争を支持せず「革マル派」を批判する者はすべてプーチン支持者であると決めつけるたぐいの、まことに低レベルな〝反論〟であった。この中で特徴的だったのは、この御用学者がウクライナの「民族」を守るべきものとして描き出すために、あろうことかマルクスとエンゲルスの『共産党宣言』を使ったことだ。まともに文章を読める人であれば、「労働者は祖国をもたない」と明確に述べた『宣言』が、まさかゼレンスキーの戦争を正当化するのに役立つなどとは決して思わないだろう。しかし笹山は「民族は非存在ではない」と言って、マルクスとエンゲルスも「民族自決」の意義を認めていたのだ、などとほざいた。そこで笹山が『宣言』(国民文庫版)から引用したのが、次の一文である。

「ブルジョアジーに対するプロレタリアートの闘争は、その内容からではないが、その形式上、最初は民族的である。いずれの国プロレタリアートも、当然まず自国のブルジョアジーをかたづけなければならない」(「革マル派」が依拠している国民文庫版より引用)

プロレタリアートの闘争が「形式上」はナショナルだというのは、労働者階級が「当然まず自国のブルジョアジーをかたづけなければならない」からであり、それ以上の理由はない。この文章にどれほどしがみついても、「当然まず」ゼレンスキー政権にもっと武器を贈るべきだ、などという「革マル派」の要求は論理的にみちびき出せない。しかし笹山はどうしても〈労働者階級もまた「民族」の一員なのだからウクライナ国家をロシアから守れ〉と言いたいので、彼女は右の文章を、「民主主義的任務の遂行からプロレタリア的任務への遂行へ」という二段階革命論を明らかにしたものだとねじ曲げたのである。ゼレンスキー政権に奉仕することは、ウクライナの労働者階級の「民主主義的任務」だ——結局これが、「革マル派」の主張なのである。

これに対して、笹山に名指しされたロッタ・コムニスタの同志は、「Kakumaru」を批判して次のような趣旨の手紙をわれわれに寄せてくれた。

・革マル派は『共産党宣言』を引用してプロレタリアートの闘争が「民族的」であると言っているが、マルクスとエンゲルスはそのわずか数行後にこう書いているのを見落としてはならない。すなわち、

「共産主義者は、一方では、プロレタリアのさまざまな一国的闘争において、プロレタリアート全体の国の別にかかわらない共通の利益を強調し、主張する。他方では、プロレタリアートとブルジョアジーとの闘争が経過するさまざまな発展段階において、つねに運動全体の利害を代表する」。なお傍線は、エンゲルスが一八九四年に「マルクスと新ライン新聞」という文章の中で『宣言』の意義を強調するときに自分で引いた部分である。

・共産主義者は常に、全世界のプロレタリアートの運動を自らの立脚点としており、それぞれの民族問題は、プロレタリアートの国際的な革命戦略に従属している。「革マル派」は『共産党宣言』の一文をしばしば引用するが、(1)「ナショナルな」という言葉の一時的で暫定的な性格をはっきりさせる日本語訳をつくっていないし、(2)問題の核心であるところの右に引いた一文を隠しているのだ。

・レーニンが言うように、『宣言』が書かれた一八四八年当時でさえ、マルクスとエンゲルスはあらゆる「民族自決」に賛成していたのではない。むしろこの二人は、ブルジョア民主主義的な「民族自決」要求を労働者階級の一般的利害に従属させていたのである。エンゲルスは、民族の自決を無差別に支持したバクーニンと論争している。歴史的にも、民族問題が解決されうるかどうかは一八五〇年頃までに、プロレタリア革命の成否に左右されるようになる。一八四八年には独立のために戦うと言っていたブルジョアジーは、結局その代わりにプロレタリアートと戦争したのだ。

われわれも、この批判に同意する。

付け加えるならば、われわれは「民族自決」の要求を、それがプロレタリアートの闘争にとってもはや時代遅れのものになったという理由で——つまり客観的諸条件の歴史的変化を理由にして——しりぞけるのではない。プロレタリアートの利害をブルジョア民族主義に従属させてしまっては、プロレタリアートの階級的組織化を推進することがそもそも不可能なのだ。「人民の抱く素朴なナショナールな感情は〔…〕直ちに唾棄できるものではない」という御用学者・笹山の言辞は、「革マル派」がもはやプロレタリア階級闘争を主体的に推進する意志をとうの昔に喪失してしまったことの証左にほかならない。否むしろ、マルクス主義の「土着化」なるテーゼを掲げて右翼カルト化している、というほうが「革マル派」の実情に即しているのかもしれない。

2　階級闘争の主体的推進をめぐって

そして今回のミラノ国際会議にあたり、われわれは各国の同志たちに向けて∧階級闘争の主体的推進∨のために共に闘うことを呼びかけた。このことをあえて強調したのは、各国の団体がそれぞれ寄せた論文が、ロシア・ウクライナ戦争やイスラエルによるパレスチナ人民虐殺をめぐる情勢分析に焦点を絞っており、革命的左翼がいかに闘うのかの指針をほとんど論じていなかったからである。たしかに、「民族自決権」のスローガンを真正面から批判してプロレタリア国際主義に立脚した反戦闘争を呼びかけた点では、ロッタ・コムニスタの論文は卓越していた。しかし彼ら同志たちはレーニンの『何をなすべきか？』の現在的意義を強調する一方で、自らが繰り広げる革命的実践そのものの解明にまでは踏み込んでいない。

「政・労・使」一体による「賃上げと物価上昇の好循環」なるものの演出を痛苦にも許してしまっている

日本の現状に比すれば、ヨーロッパ労働運動はなおプロレタリアートの階級的力を相対的に維持しており、その中で各国の革命的左翼は労働組合の内部に一定の組織的基盤を確保していると言える。ミラノ国際会議に参加したそれぞれの左翼組織は、論文の中では何も明示してはいなくとも、多くの職場の中にそれぞれの党員を有し、彼ら・彼女らは階級闘争を前進させるために日々実践しているはずなのである。そうした実践から教訓を引き出して理論化し、それをめぐって討論することをわれわれは呼びかけた。帝国主義戦争の分析に関する細かな見解の相違をいったんは留保して、各国の階級闘争を前進させるために共に闘う者としての同一性を創り出そう、ということである。

この呼びかけに対して、ロッタ・コムニスタの同志からは次のような応答が寄せられた。

「職場において階級闘争をいかに創造するのかという問題について、私は今のところいくつかの点を手短に書くにとどめる。階級闘争とは、資本制における、われわれが創造することのできない「自然な」現象である。レーニンは、階級闘争がもつ周期的な本性を科学的に研究している（一九〇五年、一九〇七年、一九一三年などのストライキ統計）。このように周期的であることから、ヨーロッパではここ何十年もの間、主要な運動は起こっていない（存在しない大衆を創作するのは無駄である）。レーニン主義者は、党（その幹部、影響力）を強化することを目指して、そして闘争が行きつ戻りつも党はとどまるべきことを自覚しつつ、存在している経済闘争の最前列に加わる。諸々の闘争における敗北は、その経験が教訓となるがゆえに党を強化するのである。プロフェッショナルな革命家が工場内にいるべきか、それとも工場外にいるべきかという問題は、組織的な力量にかかっているのであり、いずれも実行可能な選択肢である。個々の労働者が共産主義者となりうるには千差万別の理由があるのだが、現在の経済闘争においてはブルジョアジーの攻撃から身を守るに精一杯で高い要求を掲げるのが難しく、あるいはしばしば労働者階級の家庭等々が複数の収入源を有し、財産を所有していることさえある。そのように現代の闘争が緩慢なサイクルにある中では、誰かある人を共産主義者へと変革するには国際政治（反戦、再軍備反対など）を主題とする方が、賃金問題を主題とするよりも十倍は早い。労働者階級の外部からもたらされるべき意識とは、国際主義的な意識である。」

このようにイタリアの同志たちは、現代帝国主義国家においては職場を起点とした階級闘争が情勢上困難であることを指摘して、共産主義者を獲得するための方法が〝いかに効率的であるべきか〟の問いを立てている。なるほど、同志たちが述べているような困難はわれわれ日本の革命的左翼もまた今なお直面していることである。資本家階級が労働の外延量と内包量とを不断に延長し、また従来の再分配機能を破壊しつづけている中で、われわれ自身を含めて今日の労働者たちは、自らの労働力を可能な限り高価で売却するよう「スキル・アップ」なるものへとせきたてられている。プロレタリアたちは同僚を敵対的な競争相手とみなすのでなければ、自らが低賃金・不安定雇用に甘んじることを覚悟する以外にない。いわゆる「エッセンシャル・ワーク」に関わる労働現場では、企業体の買収や吸収合併が繰り返されたり、そもそも労働条件が劣悪であるがゆえに労働者自身が転職せざるをえないなど、同僚間の協力関係がそもそも確立しないという事情もある。また他方、「高度スキル」を身につけて社会的には「成功者」となった労働者たちは、自らがいつかは没落することへの不安を抱えながら長時間労働を日々こなしている中で、精神疾患に追い込まれることも何ら珍しくない。要するに、かつて労働運動の戦闘的高揚を可能にしていた諸条件が今や根本的に破壊されてしまったという事実を、イタリアの同志たちは強調しているのだ。われわれもまたこの事実を、労働運動の産業報国会化をくい止められなかったという痛みとともに受け止めている。

だがそうであればなおさら、労働現場のこの過酷な現実を、われわれ以外の一体誰が変革しようというのか。朝から晩まで肉体労働に従事して、腰痛を抱えながらもじっと耐えている人、生活保護水準より低い低賃金であるがゆえにダブルワークでどうにか生計をたてている人、「業務請負」の名の下に労働者としての地位さえも認められないまま、自家用車で町中をずっとかけずり回っている人。あるいは上司には怒鳴られ、同僚たちからは無視され心をすり減らして、自死にまで追い込まれている人。そうした仲間たちを目の前にしたとき、産業下士官どもに向かって「何をしているんだ!やめろ!」と抗議の声をあげられるだけの根性・度胸・思想を有しているのは、わが革命的労働者ではないか。たしかに、階級闘争は高揚したり沈滞したりを繰り返すのかもしれない。しかし、どれほど困難であろうとも、労働現場におけるブルジョアジーからの攻撃に対して立ち向かい、労働者階級の階級的な団結を創造すること――これは、ブルジョアジーに対する力関係を無視して見かけ上の「戦闘的労働運動」を演出することとは無縁である――は、われわれマルクス主義者の倫理的義務であるとさえ言ってよい。

そもそも、階級闘争とは「われわれが創造することのできない「自然な」現象」なのだろうか? かつてヴェトナム反戦をも掲げて幾度も打ち抜かれた全軍労ストライキ(一九六〇年代末―七〇年代前半)、あるいは日帝支配階級を震撼させた公労協スト権奪還ストライキ(一九七五年)を思い返しても、それが資本制の「自然な」現象だ、などと言うことは決してできない。どちらも、労働組合主義的意識にとどまり自然発生性に拝跪していたならば成り立たなかった闘争であり、それぞれの職場においては常に、革命的前衛党が左翼フラクションを組織化し労働組合組織下部から闘争を地道に積みあげ押し上げるなどの諸活動を繰り広げていたのである。このことは、「存在している経済闘争の最前列に加わ」っているイタリアの同志たちもよく分かっているはずだ。

無論われわれは、レーニンの『何をなすべきか?』の意義を否定するつもりはなく、また各国の革命的左翼に向かって、わが組織現実論を体得せよ、などと上から目線で言うつもりも毛頭ない。諸君は、労働者階級の外部から革命的意識を持ち込むというレーニン的戦術の意義を強調しながらも、実際には多くの職場・労働組合の中で党員を有し、その党員たちは共産主義者として階級闘争の先頭に立って闘っているのだ。このことは、ジェノヴァでの闘いについてロッタ・コムニスタの同志が示唆してくれた通りであって、われわれが知り議論したいのは、そういった闘いの現実と教訓なのである。もし諸君が自覚的に、階級闘争を共産主義者自らの力で推進していく組織戦術を貫徹するならば、日本に比してなお労働運動の力が維持されているヨーロッパにおいては、もっと大胆に、しかも〝効率的に〟、前衛党を強化拡大することができるのではないだろうか。わが探究派がイタリアの友人たちに返答として伝えたいのは、まさにこのことである。

ロッタ・コムニスタをはじめ、革命的マルクス主義に立脚して闘う全世界の同志諸君!プロレタリア国際主義の大道を共に歩み、∧革命の第二世紀∨を切り拓こう!

（二〇二四年四月五日　春木良）

「控えめな同盟国」からの脱却——岸田訪米と独占ブルジョアジーの新たなナショナリズム

春木　良

日本国首相・岸田文雄は二〇二四年四月八日から一四日までアメリカを公式訪問し、アメリカ大統領バイデンとの会談において、「日米両国がかつてなく強固な友好・信頼関係に基づくグローバルなパートナーとなっていること」を確認した。日本国首相が国賓待遇でアメリカを訪問したのは、二〇一五年の安倍晋三による訪問以来、九年ぶりのことである。このような「公式訪問」は、日米関係の転換点になってきたと言われているが、それは今回も例外ではない。すなわち、岸田訪米は、日本の独占ブルジョアジーが安倍政治からの明確な転換をアメリカ帝国主義に対して表明した出来事として特徴づけられうる。

今回、アメリカ上下院における演説で、岸田は次のように述べた。

「ほぼ独力で国際秩序を維持してきた米国。孤独感や疲弊を感じている米国の国民に語りかけたい。一人で背負うことがいかなる重荷であるのか、私は理解している。」

「『自由と民主主義』という名の宇宙船で、日本は米国の仲間の船員であることを誇りに思う。共にデッキに立ち、任務に従事し、なすべきことをする準備はできている。」

「皆様、日本は既に、米国と肩を組んで共に立ち上がっています。米国は独りではありません。日本は米国と共にあります。日本は長い年月をかけて変わってきました。第二次世界大戦の荒廃から立ち直った控え目な同盟国から、外の世界に目を向け、強く、コミットした同盟国へと自らを変革してきました。」

ここに表明されているのは、日本国家をアメリカと「肩を組んで共に」並べる一流の帝国主義国家へと高めたいという願望である。独占ブルジョアジーと政治エリートたちは、この数年間の「アベノミクス」をつうじて日本が急速に発展途上国へと転落しつつあることに相当の危機意識を燃やしながら、トランプ再選の可能性が高まっているアメリカと命運を共にして没落するつもりはないということを、この岸田演説において暗に意思表示したのだと言える。

この数年間、安倍政権は、「異次元緩和」で日本円の価値を意図的に低落させることによって、日本産商品を安価で外国に販売することを企ててきた。輸出を拡大することができれば、日本国内の工業産業は活気を取り戻し、物価の上昇をもたらし、企業業績は改善して賃上げにつながるであろう――彼らはこのように「トリクル・ダウン」説を心から信仰してきた。とはいえ、貿易黒字をただ単に拡大するだけでは、一九八〇年代のように貿易摩擦を引き起こすことになりかねない。実際にトランプは、トヨタをはじめ日本の自動車産業がアメリカの工業を脅かしていると述べ、「ラスト・ベルト」の労働者階級に渦巻くルサンチマンを巧みに利用していた。これに対して安倍政権は、アメリカから最新兵器を調達する契約を次々と結ぶことで、トランプの許しを請うていたのだ。日本が法的にも装備上でも軍事大国化を進めたことは、「アメリカ・ファースト」のトランプ政権にとっても好都合だった。

安倍政権のこのような外交政策に対しては、右であれ「左」であれ多くのナショナリストたちが、その〈対米従属〉ぶりを批判してきた。そしてこの間、「アベノミクス」それ自体の失敗もまた誰の目にも明らかとなった。まず、政府・日銀一体となった約一〇年にわたる円安誘導政策は、期待されたほど貿易収支の改善にはつながらないどころか、二%の物価上昇目標すらも達成できなかった。そもそも、日本企業は生産体制をアジア各国に分散させているのだから、たとえ円安で日本国内産製品の輸出が増えたとしても、それに伴う原材料・部品の輸入増加は円安のせいで生産コスト上昇をもたらすのである。このような根本的な矛盾のゆえに、「異次元緩和」をいくら継続しても、日本の諸資本全体が安価となって他国ブルジョアジーの草刈場になるだけである。ここに、アベノミクスからの転換を図ろうとする独占資本家たちの危機意識がある。そしてこの危機意識こそが、日本を一流の帝国主義国家へと押し上げようと欲する新しいナショナリズムとしてあらわれているのだ。

日本ブルジョアジーは、いわゆる「白物家電」分野での国際競争ですでに敗北しており、またハイブリッド方式に固執していた自動車産業をはじめあらゆる分野で「脱炭素革命」の流れに遅れをとった。この「グリーン・ニューディール」――実のところ「グリーン・ウォッシュ」である――それ自体、欧・米による日本資本排除の意味をもっている。これに対して、起死回生を図る日本の独占資本家たちが今力を注いでいるのが、半導体分野である。ＡＩの発達が「第四次産業革命」をもたらすと考えている彼らは、米中対立の中での「デカップリング」により今後の半導体需要がますます逼迫するという見通しのもと、「民主国家でつくる安心感という価値」を宣伝しながら、日本を西側帝国主義ブロック内の最先端の半導体生産拠点にすることを目論んでいるのである。現在、北海道の千歳市では、二ナノという極小サイズの半導体を量産させるために「ラピダス」の工場が急ピッチで建設されており、これに対して政府はすでに一兆円以上を投資している。本当に二ナノの半導体など作れるのか、製造できた頃には他国でより安価な極小半導体が生産されているのではないか――そうした不安の声は、独占資本家の耳にはほとんど入ってこない。そのようなことよりも、一九八〇年代末に日米貿易摩擦の結果として半導体生産のシェアを奪われたという積年の恨み、これをついに晴らそうと意気揚々たる思いで突き進んでいるのが、今日の日本ブルジョアジーではないか。

現代日本のナショナリズムが、そうした独占資本家どものイデオロギーに他ならないことを認識するのが肝要である。すなわち彼らは、小手先の金融緩和策ではなく「実体経済」の底上げを図り、安倍政権時代のような「対米従属」路線からは脱却して日本独自の経済的・軍事的地位を確立することを望んでいる。ついでに言えば、日本企業の国際競争力強化を阻害する要因となってきた、いわゆる「日本的経営」に特有のさまざまな慣習を一掃することもまた、とりわけIT系などのブルジョアジーが考えていることだ。諸経営体の管理職・経営陣が中高年男性の「ホモソーシャル」な体育会系集団によって独占され、女性や外国籍の人が少ないことだとかを問題視する言説はもはや珍しくない。これに関連して日本経団連が、安倍派の保守政治家たちを嘲笑するかのように選択的夫婦別姓制度導入を支持したことは、まさしく象徴的な事態だと言えよう。

そうした動向をおさえる限り、岸田政権の思想と行動を単純に「反動」だとか「アメリカ言いなり」だとかと特徴づけるのは、根本的にボケている。岸田は、われわれ労働者階級から搾り取れる限りの税金をとって、四三兆円にも上る軍事費を計上している。そしてまた陸・海・空の自衛隊の「統合運用」をつうじてアメリカ太平洋軍との連携を強化しようとしているのである。しかもそれと同時に、例えば英国・イタリアとの共同での戦闘機開発やAUKUSとの連携など、「対米従属」に真っ向から反するような動きを見せているのが今日の日本ブルジョアジーなのである。今この時に、日本国家がアメリカ帝国主義によって「安保の鎖」で締め上げられていることを問題視するような「左翼」――日共そして「革マル派」――は、おしなべて独占ブルジョアジーのナショナリズムに絡めとられてしまったと言うほかはない。

プロレタリア国際主義に立脚するわれわれは、安保によって日本国家がアメリカに従属させられていることを弾劾しているのではない。そうではなく、日本のブルジョアジーが日米安保条約に基づいて、西側「自由民主主義陣営」の主役として登場することそのものを許さない闘いを推進しているのだ。対米自立志向を強める岸田政権の諸施策は、あらゆる点で、日本とアジアのプロレタリアート総体に対する階級的攻撃に他ならない。すべての諸君！「左」のナショナリズムを打破して、革命的インターナショナルの建設を目指して共に闘おう。

二〇二四年四月二二日

学費値上げ反対！東京大学構内への警察権力導入弾劾！

草枕三四郎

二〇二四年六月二一日夕刻、東京大学本郷キャンパスにおいて、学費の大幅値上げに反対する学生たちが「総長対話」を実現させた。すでにマスコミ等で報道されている通り、藤井当局は「教育研究環境の充実」を名目として年間授業料を現行五三万五八〇〇円から六四万二九六〇円まで引き上げる計画を公表している。

国公立大学では低所得者向けの学費免除制度があるとはいえ、その審査にあたってはあくまで世帯収入が計算の基礎にされる。家族一人ひとりが低賃金労働者であっても「世帯」で合算されれば免除基準を上回ることも珍しくないし、またあるいは親から事実上独立してアルバイトだけで生計を営んでいる学生も、「世帯」としての収入が基準以上であれば学費免除を受けられない。だからと言って学生だけで世帯分離をしても全額免除にはならず、加えて国民健康保険料の負担がのしかかってくる（これは私の実体験である）。そもそもの学費がすでに高額であるのに、この物価高の中で更に授業料が引き上げられるとなれば、家計はますます火の車である。そして言うまでもなく、日本学生支援機構の奨学金はただの借金である。

東大の学生たちは反対の声を上げ、文学部での六月六日集会をはじめとして自治会の内外、そして教員の間にも大きな運動のうねりをつくり出してきた。そうした中で藤井輝夫総長は「対話」に応じざるをえなかった——中教室でしかもオンラインに限るという、まさしく当局の不安をあらわにした形で。その「説明」に納得した者など、誰もいようはずもない。デタラメな「対話」の後、学生たちは安田講堂前で反対集会を開催しシュプレヒコールをあげた。しばらくの間は波風のなかった本郷キャンパスで学生たちが闘いを開始したこと、これに恐怖心を抱いて、この日当局は警察権力にすがりついたのである。

構内には警察車両三台および警官約三〇人が招き入れられ、彼らは集会参加者を詰問した。これについて東大広報課は、「学生を含む複数名が本学施設（安田講堂内）に侵入し、制止しようとした警備員が怪我を負ったことにより、警察に通報する事態が生じた」などとのたまっている。動員された警官は現場で「守衛が殴られたという通報があったから来た」と口にしたそうだが、この通報内容が虚偽であるのは明白だ。ここは教養学部自治会執行部の説明に委ねよう。

「講堂への侵入やもみ合いについては、警察力を導入した後に発生した、又は捏造された事実であるおそれがあります。そして、警察への通報が講堂の警備を担当する守衛ではなく（安田講堂警備室（守衛）は本会執行部員の聞き取りに対して通報への関与を明確に否定しました）、大学職員により行われたことも重要です。通報がなされた時点においては、守衛の対応能力の範囲内であったにもかかわらず、いたずらに警察力が導入された可能性があるのです」（教養学部学生自治会理事会文書第四三四号）。

自治会執行部の諸君はこの文書の中で、警察権力を大学構内に導入することの重大な意味を広報課が「認識」していない、と批判する。いかにもお行儀の良い、と言うべきか。しかしおそらくは警察権力も困惑しているところだろう。殴られた、という守衛が名のり出てこないばかりでなく、通報した当局者はコソコソ身を隠すばかりで、責任主体として現場に登場しなかったのだからだ。

これと似たようなことが以前あったのを私は思い出す。とある大学にて安保法制反対デモを学内でやったとき、激昂した学生部職員が「中止しろ！禁止だ！」とわめきながら隊列につかみかかってきた。わが仲間は「落ち着け。君には関係ない」といさめてやったのだが、この職員は――おそらくは「大学自治」など何も考えずに――警察に通報したのである。パトカーでやってきた警官たちに、学生たちが弾劾の声を突きつけた。一体どのような嫌疑なのか、誰が被害者なのか、と。もし大学当局が何らかの損害を被ったというのなら、通報した当局者をこの場に呼び出して被害の事実を確認してもらいたい、と学生たちは要求した。ひとまずこの求めに応じて大学当局に問い合わせた警官は、しかし結局のところ何の返事も得られないままであった。被害者がおらず通報した主体も明確ではない以上、警官はいかにも不満顔で引き下がるほかなかったのである。

かつて丸山眞男が言っていた「無責任の体系」をこと改めて指摘するつもりはない。私が言いたいのは、大学管理者はすでに長らく「大学自治」とは無縁の地平にあるばかりか、「ガバナンス改革」の下では政府・文科省の単なる駒になっているということだ。

二〇二一年、当時の首相・菅が人文学・社会科学分野の研究者六名を日本学術会議会員に任命しなかったことは記憶に新しい。今に至るまで岸田政権もまたこの措置を撤回していないどころか、学者ならざる「民間」＝独占資本家を学術会議の運営に参画させてこれを換骨奪胎させることを目論んでいる。こうした方向性は、国立大学の執行部に「外部人材」を必ず一定数入れさせるだとか、あるいは私立大学においても運営会議から学部長をはじめ研究者の影響力を排除させるだとかの方策において、貫徹されている。国立大学法人の運営費交付金が毎年一％カットされ続けているのは周知のこと、また私立大学に対しても、「改革」を達成した大学に私学助成金を重点配分するというやり方で、政府・自民党はますます支配・介入を強めているのだ。そうした中で各大学の管理者たちはただ上からの命令を実行するだけで、自分の頭でものを考えなくなって久しい。警察に通報しておきながら現場では登場しない、そういう連中に対して、あるべき「大学自治」の理念を説いても馬の耳に念仏ではないか。

「大学自治」要求運動をのりこえ、学生と教職員のプロレタリア的連帯を創造しよう！

もちろん、大学間競争を駆り立てる政府・文科省、およびそれに追従する各大学管理者たちを弾劾して、今もなお「自治」を信念としている人々の間に連帯を創りだすことは、もちろん必要な取り組みである。われわれもまた、東大をはじめとする各地の学費値上げ反対闘争に連帯し、当局・警察権力による闘争破壊・学生自治組織の破壊に反対する。しかし、われわれはこの反対運動を「自治を守れ」という要求の水準にとどめてはならない。「学問の自由」「大学自治」のスローガンは、憲法において保障されているはずの諸権利を取り戻そうと求めるものである限り、運動に参加した学生と知識人をブルジョア民主主義の水準におしとどめるのだからだ。

（ちなみに「革マル派」は最近のマル学同論文で「大学のファシズム化反対」を掲げたのだが、中央官僚は今回の「総長対話」にあたり、学生戦線のメンバーに安田講堂前で「〇〇〇大学自治会」の旗を――東C「学生会議」がもう存在しないため――振り回させたにすぎなかった。こうしたポンタばりの「オールいただき路線」に対して、心ある学生たちが軽蔑の目を投げかけたのは当然のことである。）

公権力からの自律性を一応認められているところの諸学問は、しかしそれ自体がブルジョア・イデオロギーである。たとえ反権力的であるような人文学・社会科学ですら、そのように反権力的であることによって、「自由・平等・博愛」なる資本制社会の一角を占めてしまっている。「自由」なる学問の府において、学生たちは専門知を身につけ、自己の労働力をより高価な商品として販売するよう仕向けられている。そのような彼ら・彼女らは潜在的な労働力商品であり、あるいはアルバイトで強搾取されていることからして、すでにプロレタリアである。また研究者は、自らの知的関心に即して「自由」に研究して良いとされながら、同僚間での激烈な競争の中で、自己の研究成果を資本制社会へと「還元」するよう常に促迫されている。そして事務職員は、管理者の下で今日の大学「改革」を着実に実行するのでなければすぐに閑職へと追いやられるのだし、そもそも多くの人が非正規労働者である。ブルジョア・エリートとその子どもたちを除けば、大学に関わるみんながプロレタリアートの一員として苦悩を共にしているのである。

われわれマルクス主義者がなすべきは、学費値上げ反対・自治破壊反対の闘いを推進する中で、大学当局・管理者と対峙する学生・教員・職員それぞれの内にプロレタリア的自覚を促し、階級としての連帯を創造することだ。かつて学生戦線にいたわれわれは、小ブル的な自己の実存を見つめそれをプロレタリア的なものへと変革しなければならないと指導され、そのように努力してきた。しかし、そんな思弁的なことが問題なのではない、と私は今思う。大学で学び働くそれぞれの人々が抱えている苦悩を同じ階級の苦悩として共有し、この現実を共に変えていこうとみんなで意志一致して実践することが必要なのだ。そのようにして、プロレタリア階級闘争の一環として教育学園闘争を推進するべきであり、またそうすることが十分に可能であるはずだ。

二〇二四年六月二五日

II　プロレタリアの階級的組織化の論理

労働組合での闘いの教訓

真弓海斗

一　コソコソ・スタイルの克服

私は職場において、労働組合を強化する闘いを、わが同志たちと論議しながら推し進めてきた。この闘いによってわれわれは、職場に左翼フラクションをつくりだし、そのメンバーを強化することをつうじてわが党の細胞を創造する道を切り拓いてきた。

これは、私が、コソコソ・スタイルとよぶべき活動のしかたを克服することをつうじてかちとってきたものである。

のりこえてきたこと

プロレタリア党に属する、またはその党員にならんとして奮闘している者が、みずからの職場において活動することにかんするイメージについてであるが、私は、職場においては、自分がどういう思想の持ち主であるのかということや、わが党のことにかんしては隠しながら活動して、そこで仲良くなった労働者と学習し、彼が思想的に高まったらその人にマルクス主義や反スターリン主義について話をしてオルグってわれわれの組織のメンバーにする、というようなものを持っていた。つまり、マルクスとか共産主義とかという単語などを伏せて、まわりの労働者と話ししたりオルグったりすべきだ、と考えていた。これらは、私が見聞きし、経験してきたことにもとづく、といえる。

こういうのをコソコソ・スタイルとよぶのだ、とわれわれの先輩同志から指摘された。こういうコソコソ・スタイルではなく、もっと積極的に労働者に自分の考えを明らかにして話していくべきだ、マルクス主義や共産主義について自分の口で語るべきだ、というように、である。この論議にふまえて私はこの間、組合員たちと討論してきた。積極的に活動しだした組合員たちとの論議において、自分は労働者の立場に立ってマルクス主義の思想に学びながら文章を書いていることなどを、私は語った。また、自分がいまやっている組合活動は戦闘的な労働組合の活動に学びながらやっている、ということも話した。そして、マルクス主義の用語を使いながら論議をしている。私が組合員向けに書いている文章も、なるべくマルクス主義の用語をつかって書いている。

マルクスとか資本家とか搾取とかという単語を使うと、オルグする相手は恐怖し逃げてしまうのではないか、というように中央官僚派のメンバーたちは感覚しているのだろう。私の行動や考えについて関心を持ってくれている組合員が職場に少なからずいる。そういう私が、自分はどういう立場に立ってどういう思想を持って何に学んでいるのか、ということを、つまり自分自身についてこの私が語ることが必要であり、そうやってオルグし、われわれの新たな仲間をつくっていくべきだ、ということを、われわれは組織的に論議してきたのである。

　コソコソ・スタイルを打破してやってきた実践によって、職場の若い仲間をわれわれはつくりだしてきているのだ、と私は感じている。

克服の闘い

　これらの大きな前進は、わが組織として討議してきたこと、特に先輩同志から提起された次のことを実践したことにもとづくと思う。すなわち、自分で文章を書いてそれをめぐって組合員（労働者）と論議する・それを使ってオルグするという実践だ。先輩同志は、経験ある労働者同志が実際にそのようにして組合員をオルグってきた、組合組織とわれわれの諸組織形態を強化してきたことを紹介してくれた。経験ある労働者同志は、労組役員として組合員を思想的に強化するために、自分でさまざまなテーマの文章を書き、それを各支部の役員に組合の会議などで読んで提起させてきた、とのことである。そしてまた、自分が組合大会などでしゃべったことを発言録として活字にして配布できるようにしてきたのだという。私は経験ある労働者同志のこのような闘いを、先輩同志を通じて知り、当時の経験ある労働者同志が創意工夫していかに労働組合の強化とプロレタリア党建設のための仲間をつくっていったのかというすごさを感じた。また、自分で、組合員をオルグするための文章を組合の文書として書いて、それを使ってオルグっていくということを私自身も実践していかなくてはならない、という思いと、はたして自分にもできるのだろうか、もっと勉強しなければならない、という思いというか切迫感を抱いた。

私は組織的に論議してつくりだしてきたこのような意志一致にもとづいて、私の職場においても実践した。私は、企業経営者が導入を狙っていた労働諸条件の改悪に反対し・その企業経営者の狙いを暴くビラを組合役員として作成し、すべての組合員に配布した。組合員にたいして、政府・独占ブルジョアジーや企業経営者が何をねらってこの制度を導入しようとしているのか、ということや、この制度を導入されてしまうと私たち労働者はどうなるのか、ということを明らかにする文章を私は書いた。このようなビラを作成し配布することは、私の組合においてこれまでやったことはないのではないか、と思う。このビラの作成において、その時いろいろと論議してきていた組合員たちをも巻き込んでやることにした。私が書いた文章を、彼らにも読んでもらい一緒に論議した。彼らは、組合員にはこう書いたほうがわかりやすい、とかという意見を出してくれ、そこからみんなで論議しながらその意見を反映させ、初めてのビラを完成させた。このビラはすべての組合員に配布し、また組合の諸会議においてもこのビラを読み上げたのちに全員に意見を出してもらって論議してきた。この時の論議は活発にできた。いっしょに論議してビラをつくり一つの会議を司会した若い組合役員には、この実践を通じて、会議の出席者たちにこちらから働きかけるとみんな考えて意見を言ってくれるのだ、ということを、われわれは掴ませた。これらの実践を通じて彼は、「自分にはしっかりとした考えがない」という感想を述べてきた。こういう振り返りをした彼を、この職場において一緒に労働組合を強くしていく仲間として、職場における左翼フラクションのメンバーとして、彼を高めながら、私＝われわれは職場にわがプロレタリア党組織を創造する第一歩を切り拓いた。

組合員全員に配布するビラ以外にも、組合掲示板に掲示するニュースや組合役員に読んで学習してもらうための資料なども、私は組合役員として、たくさん作成してきた。この学習資料や文章を、私は組合の会議において読みあげて提起してきた。その時の組合員の目つきや視線は真剣であり、何かを掴みとろうという姿勢を私は感じた。また、掲示板に張り出している文章を組合員がよく読んでいる姿も私は見ている。組合役員たちも、私が作った掲示物を組合員はよく読んでいる、次のニュースはまだか、と催促してくるというくらいだ。

われわれがこのような実践をくりひろげているなかで、また新たな仲間をわれわれはつくることができた。彼の質問から始まった論議などでは、私は積極的に賃金とは何かということや賃労働について語った。彼は当然にも初めて聞くような話・考えであったため、いろいろ考え悩みながら一生懸命、私の話したことを理解しようとしていた。このような論議を重ねてきているが、この彼の成長が著しい。彼は、いままでは、以下のようなことについて強い思いを抱いている。それは、労働組合を強くしなければいけないということ、組合員にもそういうことを知ってほしいということ、過去の労働者のストライキ闘争・他労組でのこの夏たたかわれたストライキ闘争への共感などだ。この間、われわれが論議し実践してきたことが、このようにして結実してきているのだ、と私は日々強く感じている。

ビラを読んで「自分は何をしたらいいですか」と声をかけてくる職場の一般組合員もいた。われわれの実践をつうじてオルグられ変革されつつある組合員・組合役員が増えている。私がわが組織に結集する前と、私が結集しわが組織の諸会議において論議しそれにふまえて職場で実践している今とではまったく異なる状況だ。私は、この職場で、そして他の職場でも、わが党組織を創造するその基礎をつくりだし強化・確立していきたいと思う。

二　プロレタリア的聖人君子づくり主義の克服

私は、反スタ運動を担う者や党員になる者は、一切のブルジョア的汚物を除去し、なんの欠陥もない人間にならなければならないのだ、というイメージをかつてから抱いていた。それは、黒田寛一の書物や「解放」を読んだり、「革マル派」の者から話を聞いたりしたことから抱いたのだと思う。私も、組織成員になるには、自分自身の性格などの内面、趣味、興味、感性などを、ブルジョア社会に生まれ生きてきて身についたもの＝汚物として綺麗に除去しなければ、革命的共産主義者にはなれないし、「革マル派」の成員にはなれない・なってはいけない、と思っていた。完璧な人間、完璧なプロレタリアにならなければいけない、というイメージだ。こういうことを人間変革だと思っていた。こういう考えを持っていた私は、新たな組織成員として職場の組合員をオルグするというときにも、オルグ対象をそのような人間に変革することをしなければならないと考えていた。これはまさに、二〇二三年前半における私の若いメンバーとの向かい方に全面的に出ていたと思う。

これらのことについて、先輩同志と私の間で討論したことを再生産しながら書いていく。

先輩同志は「左翼フラクションを創造するために」という文章で、「自分の職場に党細胞を創造するためには、自分自身をあらゆる方面において全人間的にたかめなければならない。共産主義的人間としてたかめなければならない。これは、なお残存している小ブルジョア的なものをなくすとか、何か弱さや欠陥を克服するとか、また変な癖をかえるというようなこととかとは異なる、という気が私にはするのである。弱さや欠陥や癖はあってもいい、問題はそれを超えるかたちで自分のあらゆる能力をたかめることである、と私は思うのである。自分のいろいろな能力に凸凹があっていいわけである。凸凹がありつつ、そのすべての能力を格段にたかめることが必要なのである。職場に党細胞を創造するための端緒的な組織形態をなすグループを創造するときには、組織的な論議をとおして自己を変革した自分が一人でやるのであり、誰も直接に手伝うことはできない。そうなしうるだけの能力を自分自身が獲得しなければならない」、と書いているのだが、私はこれを読んで衝撃を受けた。共産主義的人間とはどういう人間であるべきか、という私のイメージとは違うことを先輩同志は提起していたからだ。先輩同志の言っているような人間では革命的共産主義者にはなれないし、批判される対象ではないか、と思っていた。

この先輩同志の文章への感想で私は、「先輩同志の考えを読んで私は「そうなのか、そういう感じでいいのか」と思いました。このような受けとめで良いのかはわからないけれども。若いメンバーのオルグでも「彼にはちゃんと学習してもらってから」とか、ビラとかでも「ちゃんと作ってから組合役員らに見せよう」とか、グループのメンバーとすべき人たちを会議に呼ぶのも「ちゃんと条件が整って提起する話もちゃんと揃えてから」と考える私からすると、共産主義的人間に自己を高めるにあたっても、弱さ、欠陥、癖なども一掃しておかなければならないというように構えていたと思います。なにか完全な状態にしてからでないと次のことや先のことをすべきではないように感覚していたのだと思います」、と書いた。さらに「先輩同志が書いたこのあたりのことは、黒田寛一も本や講演で語っているのでしょうか？」と私は書いたのだが、私は先輩同志の考えと黒田寛一の考え（「革マル派」の考え）に違いを感じた。

これにたいし先輩同志は「このあたりの私の考えは、黒田寛一と相当違うと思います。違うということは、わが探究派でいろいろ論議し、『実践と場所』をも検討して、自覚してきたことです。黒田寛一は、欠陥や癖、これを規定している人間的資質をかえろ、と言います。そんなどころの話じゃない、職場で一人でわが組織をつくろうとすれば、自分に欠陥や癖や凸凹があっても、自分のあらゆる能力を飛躍的にたかめなければ始まらないじゃないか、というのが私の考えです。こう考えて、相次いで本を書き、職場で管理者とたたかってきたのです。向上心あるのみです。この向上心が、自己変革＝自己否定の立場です。現在の自己を超えるのですから。死ぬまで向上心です」、と返答した。「欠陥や癖、これを規定している人間的資質をかえろ」、私のイメージはまさにこれだった。こういうことを、共産主義的人間・「革マル派」に結集する者に求められているのだ、と思っていた。かつて、こういう考えにたいして私は、なかなか難しいことだと感じながらも、それはおかしい考えだと感覚することもなく批判することもなく、この基準から外れているのであろう行動や考えをまだこの己が保持していることへの罪悪感や、仲間を裏切っていることになっているのではないかという罪の意識のような思いを抱いていたこともあった。共産主義的人間になるということは、世俗的なものを一切絶ち、どこかの僧のように修行するのと同じようなイメージを私は抱いていた。先輩同志は「君の自己変革の考え方・組織建設の考え方は、資質変革主義的な組織建設の仕方によってつくられたものと言えます。そして、それは、黒田寛一の組織建設の考え方にもとづいてつくられたものと言えます。五無人間をなおせ、というものがそれです。そして、これは『実践と場所』につらぬかれているものです。日本人としての礼儀や感性を重んじるものです。こういうものをその根底から克服する必要がある、と私は考えます。そういう大きな問題です」、と指摘した。私は、先輩同志が明らかにしている「日本人としての礼儀や感性を重んじるもの」という指摘を読んで、これは根深い思想問題だったのか、そういうことだったのか、革命的労働者党を建設するためにわれわれはこれを克服しなければならない、と感じた。

人間的資質を変えることが自己変革だと思っていた私からすると、先輩同志が言う「この向上心が、自己変革＝自己否定の立場です」という考えは衝撃だった。先輩同志は「今のおのれを超えようとしているでしょ、こうこうこういう人間に自分自身を飛躍させようと決意してるでしょ、それが自己否定の立場と言えると思うけど」と、どこかの論議で話していた。私は、この先輩同志の考えを聞いて、なにかつっかえていたものを取り払って前進できるような感覚を抱いた。先輩同志は、「職場で一人でわが組織をつくろうとすれば、自分に欠陥や癖や凸凹があっても、自分のあらゆる能力を飛躍的にたかめなければ始まらないじゃないか」と書いているが、私も「まさにその通り、なにも始まらない」と強く思った。黒田寛一の「人間的資質を変えろ」という考えは、修行僧や信者に求めるようなことであり、つまり、現実を変革するのだ、われわれ労働者の社会を創るのだ、まわりの労働者をどしどしオルグっていくのだ、という実践的な感じがしない。人間的資質を変えろ、ということを追求しても、具体的に自分が職場でどうやって運動をつくるのか・組織をつくるのか、職場のまわりの労働者はどんなことに苦しみ・しんどくなっていて、その労働者はどんなことを考え・どんなことを内面に抱いているのか、というほうへ自分の分析や実践が向くことはないと感じる。そういう意味で私は黒田寛一の求めている「人間的資質をかえろ」ではなにも「始まらない」と思った。

先輩同志は、自身の本でも書いているように、実際に自分が賃金労働者として職場でまわりの労働者と論議し、経営側とたたかってきた。このことをふりかえった先輩同志は「向上心あるのみです」と述べている。こういう自己変革＝自己否定の立場に立って先輩同志が実践してきた職場でのたたかいに触れ、私は自分の職場においてもこういう立場やかまえで実践していけばいいのだ、たたかいをつくっていけばよいのだ、とイメージが湧き、私自身、向上心を持って、つまり自己変革＝自己否定の立場にたってたたかっていけるぞ、と感じ、そうやってたたかっていこう、と決意した。こういうことで私は、前進できるような感覚を抱いたのだ。

私は「「資質変革主義的」と先輩同志は表現していますが、こういう考え・姿勢をおのれ自身だけではなく、オルグ対象、もう少し絞って言うと、自分のグループの成員にすべき相手にたいしても求めてしまうことになる、と私は思いました。いっしょに会議をやっているメンバーとして若いメンバーにかかわるときも、私は「資質変革主義的」に彼にかかわっていたといま思います。ゆえに、彼と学習をしないといけない、ということが前面に出ていたと思います」と書いた。まさに私は、オルグ対象と何らかの文献を読み合わせて学習しちゃんと思想的なことをつかませ、また、ブルジョア的汚物を除去させなければ、というかかわり方をしていた。共産主義的な思想をつかみ、また人間的資質を変えさせなければ、われわれの組織の一員にはなれないし、そうすることが彼を飛躍させることだと思っていた。だから私はこうふりかえって書いた。「さらに言うと、若いメンバーと論議して反応がよかったことを報告した会議において、先輩同志が、若いメンバーを構成員にして左翼フラクションを創造しよう、と提起した時、私はびっくりしました。つまり、「資質の変革」をした人、「資質の変革」をしつつある人などを左翼フラクションのメンバーとするのだ、と私はイメージしていたので、まだ「資質の変革」をやっていない人をフラクションのメンバーにするという提起を聞いてびっくりしたのです。私からすると思いもしない提起でした」、と。人間的資質を変えさせた人間を集めて、職場の左翼フラクションを創造するのだ、というのではいつまでたっても職場でわれわれの組織を創造することはできないし、現に「革マル派」はこういうことで職場に組織や運動をつくれずに破綻していったのだ、と思う。

私は、このプロレタリア的聖人君子づくりとでもいえる傾向を克服することを決意して、職場での闘いをくりひろげ、左翼フラクションを創造してきたのである。

二〇二四年一月一〇日

向上心あふれ明るいわが組織建設

真弓海斗

一　ある左翼フラクションの会議の報告・捉えかえし・反省

Oさん、P君、Q君、私の4人で左翼フラクションの会議をやった。
私は、次のような課題をみんなに知らせた。
「今回の課題は、前回の続きを基本に、
・この間の僕らメンバーそれぞれの活動の報告
・組合でのわれわれの取り組みについて
・P君の活動について
・○○君オルグについて
・他単組へのオルグについて（・・君とか）
・その他

ということで、どうでしょうか？　よろしくお願いします」

私は、P君の取り組みを中心に話をしようと思っていたが、それだけではなく、私が組合員のオルグの反省を紙一枚程度で書き、それを左翼フラクションのメンバーに提起して検討してもらったほうがよい、と考えた。その反省レポートは以下のとおり。

〜〜〜

組合員との論議の反省

春闘期間における私の、組合員との論議の実践（と、この会議での私の論議）について振りかえり反省する。今から振りかえると、あの論議はなにかうまくいかなかった、あまりよくなかった、と感じるところがあるからだ。

私は、数名の組合員とこの間、春闘に関連して賃金闘争について論議した。その論議で私は、「生産性の向上」というのは資本家の論理であって、資本家が労働者をこき使って今以上に自分たちの資本を増やすためのイデオロギー（思想）である、と話した。これはこれでいいと思う。

この生産性の向上イデオロギーのおかしさを話すときに、私は「賃金とはそもそも何なのか」ということも話さないといけないと思い話した。しかし、この論議がしっくりこなかった。「賃金＝労働の対価」ではなく、私たち労働者が持っている労働力の価値を貨幣で表現したものが賃金だ、と私は話した。そしてここから先、私は「資本家が労働力を買う。労働者は自分の労働力を売る。だから賃上げ闘争は、まあ言えば、資本家に僕ら労働者が労働力を高く買わせるという感じ。会社の利益を増やせば賃金が上がるというのではない」、と話した。

この展開がよくなかった。つまり「賃上げ闘争というのは、私たち労働者が資本家に労働力を高く買わせる」という展開がよくなかったと思う。こういう展開をしてしまっているため、この話を聞いた人は「これだけの資格を持っているから私の賃金を上げよ、と会社に言って賃上げを求めていったらいいのか」と受けとめていた。「これこれのスキルを持っているのに低賃金なのはおかしい、これこれの資格があるから賃金を上げよ」というこの主張は資本家にとって都合がよいのだ。資本家は常に、低賃金でわれわれを雇っている理由として労働者のスキル不足ということをでっち上げ、賃上げしてほしければ自己研鑽に励め、と言っているからだ。これは労働者をよりこき使うための言辞であり、労働者からすれば労働強化だ。

「高く買わせる」というのではなく、そもそもわれわれ労働者の労働力を、そこらあたりのモノと同じように商品として資本家が買って、資本家がその労働力をむちゃくちゃ消費する、つまり、われわれ労働者を資本家はむちゃくちゃこき使う、ということがそもそもおかしいのだ。このことを私は言わなければならなかったと思う。資本家は自分らの資本を増やすために、労働者が労災でケガしたり死亡したり、過労で精神疾患を患ったり、過労死・過労自殺したりしても、労働者をこき使うことをやめない。われわれ労働者がこき使われれば使われるほど、資本家の資本が増える。こんな現実がおかしいのだ。

賃金闘争は、こういうこき使われているわれわれ労働者がどれだけ結集して、資本家に対して闘うのかで決まってくるのだ。賃金闘争はわれわれ労働者の数の力で決するのだ。力で決するから、労働者階級は団結して闘うのだ。賃上げを勝ち取るためにはこれしかないのだ。

〰〰〰

こういう内容を私はオルグで論議すべきだった、とつかみとった。

この間のそれぞれの活動の報告・振りかえりをしよう、という議題のときに、この反省レポートをメンバーに配布し私が読み上げ提起した。

最初に感想を述べたのはOさん。Oさんは、「これ読んで思い出したわ。過労死・過労自殺って書いてあるけど、俺もそんな感じの時あったから」と。Oさんが言うには、二四歳くらいの時、仕事仕事でいっぱいになっている状況だったようで、その時に死にたいと思うようなことがあったという。メンバーみんな驚いた。Oさんは、電通で過労自殺した女性労働者のことも話してきた。P君はあんまり知っていなさそうだったが、Oさん・Q君といろいろと話になった。私は、資本家は資本を増やすことには繋がらない安全対策なんかないがしろにし、安全装置があったとしても資本家がノルマアップを強制する中で、労働者はそれを達成するために安全装置を切らざるを得ない、こんなことはおかしい、と話した。Q君が、「ちょっと話違うかもしれんけど、管理者が「今日は苦情ゼロの日だ」と言っていたが、それはそっちの問題でなんでこっちに言うんだ、と思いましたわ」と発言した。Oさんは「俺はそういうときは「じゃあ、今日は苦情出していい日だな、よし」って言ってやるわ。管理者慌てるぞ」と笑い話になった。私は、Q君が言うとおりそうやって労働強化するのだ、と話した。Q君はいろいろとイメージをわかせて聞いていたと思う。

P君がこのレポートをどう受けとめているのかわからなかったので、質問した。「読んでわからないところとか、ここは間違っているとか、ここはそうだなとか、初めて知ったとかある?」と私は質問した。P君はおとなしい性格なので、自分からよく発言するタイプではない。P君は、わからないとかはないですけど、と言いながら考え始めた。そして「賃金闘争はわれわれ労働者の数の力で決するのだ」という文章を指摘した。指摘したのだが、ここがわかったということなのか、わからないということなのか、しっくりこないのか、どういう思いが湧いたのかは、明確ではなかった。こちらから、ああかこうかと問うたのだが、P君は「んーなんて言うのかな」とまだ自分の思ったことがまとまっていないようだった。自分の考えや思ったことを問われ、そう問われてもなにがあるかな、と考えているような姿が、活動をやりはじめたころの私を見ているようだった。P君には、私もそんな感じだった、と伝えたうえで、しばらく考えてもらうことにした。

その間、Oさんが話した。このレポートを読んでOさんは、自身が青年部の時の思いが蘇ったと言った。青年部の時に○○声に取り組むにあたって他の単組でも交渉の時に後ろで流せる○○○を考えた、と教えてくれた。私とQ君は、それは面白いと呼応した。そこから団結をどう作るのかということや、今の世代は他の単組と団結したいとか交流したいとかという考えが希薄ではないか、そこをどうするのがいいか、などと話した。Oさんは、青年部時代に出会った他単組の仲間（今でも友達）の方が、最近は○○声の取り組みを、時代に合っていないのではないか、もう古臭いのではないか、と言っていたことを批判的に紹介した。「たぶん○さんはその時の思いを忘れてしまってるんだな」と。その会社の春闘結果は他と比べてよくなかった。そういうことからして、組合運動に展望を感じていないのではないか、そして自身が運動を担っていないから、そういう感覚になっているのではないか、とみなで論議した。その人とも一緒にやっていけたらいい、とみなで話した。

P君に話を戻した。私は、賃金闘争は数の力で決する、というのをイメージしてもらうために、私が作った『労働組合を基礎に仲間とともにたたかおう！』に載せている写真を見てもらった。それから、私の友人で事務職員の労働者は、朝七時から二一時まで仕事をさせられていることを紹介し、その事務職場では七〇人職員がいて二人しか労組員がいないことを話した。P君は驚いていた。さらに私は、「この文章を読むときは、「私は」「私が」と自分を主語にして読んで。自分はどう考えるのか、自分はどうすべきなのか、と。「賃金闘争はわれわれ労働者の数の力で決するのだ」という考えをこのテーブルの上に置いて、みんなでこの考えは正しいのかおかしいのかと論議する、というのではない。自分はどうするのか、というように考えて読むとまた何かつかめると思う」と話した。P君は、ハッとしたような表情をしていた。

また、今後、この会議で継続して論議するオルグ対象の〇〇君について、この間話をしたか、と私は聞いたが、OさんP君ともに話をしていないとのこと。私から、〇〇君にも、自分がP君に相談して話したことによって現実を変えられた、ということをつかんでもらう、という目的で話をしていこうと提起した。Oさんが P君に「〇〇がどんな反応したか確かめておいてくれよ。無反応だった、とかでもいいし」と言っていた。オルグの相手の反応を確かめるように提起したことは良かったと思った。

捉えかえすと、今回の会議は、初めて文章を読んで検討するということをやった。より会議らしくなってきたと感じる。次回は〇月〇日開催予定。

二　私は新たな能力をどう身につけたのか

先日、先輩同志との論議で私は、私が新たな能力を身につけてきたということを、実感をもってふりかえることができた。そして私は、これこそがわが探究派の組織建設の発展性のある強みだ、と感じた。われわれはこの間、自分の職場や他の職場において左翼フラクション組織を創造する闘いを着実に前進させてきた。このことは私にとって人生で初めてのことである。私自身、驚くくらいだ。

それは、革マル派として活動していた過去の自分や自分の実践をふりかえってそう思うのだ。革マル派におけるように、組織建設を進めるにあたって組織成員である己の誤謬や偏向を克服する、すなわち「欠陥のある自己と向き合う」という姿勢をとることをあるべきものとする、というのでは職場に組織はつくれないし、まわりの労働者をオルグするという実践もできない、と私は感じる。とくに私のような前向き主義ではない性格の人間からすると、自己の悪い資質を変革しなければならない、とつねに考えるように促迫される過去の革マル派の組織建設のしかたに、なにかどんよりとした重苦しい雰囲気を感じる。

われわれは自分がまだもっていない能力を身につけるのだ、という先輩同志の提起を受けて私は、このことを意識しながら実践してきた。いま実践していることや闘いはわれわれにとって新たなことであり、いま持っている能力をどう活用してやるのか、ということではこの新たな闘いを実現することはできない

——こういう先輩同志の指摘を聞いて私は、苦手なことやうまくいかないことも、それを己の欠陥として自分の内側にこもってその欠陥と向き合う、というのではなく、いまだ獲得していない新たな能力を身につけてやっていけばよいのだ、新たな能力でないと新たな闘いを実現することはできないのだ、という思いを強くしている。私は、この思いを基礎にして日々実践しているのだ。

私はこの間、いくつかの能力を新たに身につけたと感じている。その一つが、会議を設定する、ということだ。これは、人を誘うのが苦手な私にとってはとても大きなことだ。先輩同志との論議において、組織をつくるためには会議を設定することが重要であることや、実際にどうやって会議を設定してきたのか、その時のエピソードなども聞きながら、私自身イメージを湧かせた。そして、えいやっ！という勢いで私の職場の左翼フラクションのメンバーたちと会議の設定を私はやった。この実践がとても大きかった。一度やってみると、他でもできるようになった。これが、他の職場の左翼フラクションの会議だ。今では約一か月に一回（他の職場の左翼フラクションの会議は二〜三週間に一回だが）のペースで会議を開催でき、どちらもしっかりとした会議という感じになってきた。組織をつくるという実践について、私はこれでできる、という感覚をつかむこともできた。

また組合員たちや左翼フラクションのメンバーたちとの会議や論議では、相手の意見を先に聞き、それについてこちらの意見を言う、というように、こちらが論議において有利になり、相手のすでにもっている考えをひっくりかえしやすいようなやり方を、私はやってきた。こうではなく、自分の意見をまず表明してから、相手にこの意見についてどう思うか、と聞くというように、自分の考えを相手に問うという能力も私は身につけた。こういう能力は特に左翼フラクションの会議でとても重要だと感じた。こういう論議の進め方をすると、左翼フラクションのメンバーたちは、私の言ったことについて自分の頭を回してじっくり考えるようになった。これは左翼フラクションのメンバーたちを思想的に強化することになると思う。また左翼フラクションの会議の場面だけではなく、われわれの内部思想闘争、すなわち党内の論議をすすめるというわが組織の建設においても、こういう能力が必要だ、と私は感じた。

さらに、おのれの実践の反省文を書く、という能力も身につけつつある。これは、先輩同志が自身がブログを書くにあたって意識していることを、先輩同志から聞き、それを意識して左翼フラクションの会議で提出するオルグの反省文を書き始めたことをとおして身につけつつあるものだ。自分の実践の再生産を長々と書いたりする文章ではなく、自分が自分のどんな実践を反省しているのか、ということを冒頭に書き、そこから掘り下げるような反省文を紙一枚くらいで書くようにしてきている。このような反省文を私は左翼フラクションの会議で二度提出することができた。また、新たな左翼フラクション・メンバーにたいしてもこの反省文を渡し、どういう思い・考えで私が書いているのかということを伝えたのだが、それを聞いたメンバーはとてもうなずき感心していた。わが党の会議でもこういう反省文を私が出し、組織成員との論議を前進させることができるように、この能力をしっかりと身につけたいと思う。

以上のように、新たな能力を身につけてやっていく、先輩同志が言うところの「向上心あるのみ」というのが、わが組織の強さだと思うし、このことを意志することをとおして実際に左翼フラクションを組織化してきているのだ。どんどんわれわれは新たな能力を身につけていこう！　こういう点でもわが組織・組織成員はとても明るいのだと思う。

二〇二四年五月三日

新たな地平を切り拓いたわれわれの組織建設

松代秀樹

一　わが組織を強固に建設していくために

〔1〕　われわれ主体が客体を変革すると論じることと、われわれが物質的現実を変革すると論じること

黒田寛一が、「既成指導部、とくに社共両党によって歪曲されている今日の労働運動をのりこえていくという実践的＝場所的立場（＝「のりこえの立場」）にたって」（『日本の反スターリン主義運動　2』二八一頁参照）というように論じたときには、われわれの労働運動の指針をどのように明らかにするのかという問題の理論的解明に、マルクスの実践的唯物論をうけついだ彼の実践論、われわれが学んできたところの実践論を、彼は適用したのだ、といえる。

すなわち、彼は、われわれ人間主体が・われわれが対決する対象たる客体を変革するという論理、根源的には、われわれ人間的自然が外的自然を変革するという論理、この論理を適用し具体化しているのだ、ということである。われわれが対決する対象をなす外的自然は、それ自体、場所的には、われわれがわれわれの実践によってつくりかえてきたところの外的自然、すなわち人間化された自然をなす。この論理は、〈主体と客体の弁証法〉、簡単に〈主客の弁証法〉とよばれる。

この論理は、さらにほりさげて考察するならば、われわれはわれわれのおいてある場所をなす物質的現実を変革する、という論理、すなわち〈場所の超克〉の論理を基底とする、といわなければならない。なぜなら、われわれのおいてある場所をなす物質的現実は、したがってわれわれが対決し・それの変革をめざす物質的対象は、それ自体、われわれとわれわれという物質的存在とわれわれにとっては外的な物質的存在との二契機からなる、ということができるからである。そして、われわれがおいてある場所をなし・われわれがそれの変革をめざす対象たる物質的現実は、われわれがわれわれの実践によってつくりかえてきたものだからである。それは、われわれがつくりかえてきた対象的なものと、その対象的なものをつくりかえるために変革してきたわれわれ自身だからである。

われわれは、われわれがプロレタリア階級闘争を推進するためのわれわれの実践の指針をどのように解明するのかという問題を明らかにするためには、この〈場所の超克〉の論理を適用しなければならない。

われわれがそれに対決し・それを変革することを意志する物質的対象は、われわれがわれわれの実践によってつくりかえてきたところの階級的現実そのもの、したがってわれわれが現にいま創造し推進しているところの階級闘争の現実そのものだからである。それは、われわれ以外の党派的諸実体によって歪曲されたところの、われわれが関与していない階級闘争の現実であるのではないからである。

マルクスは、「フォイエルバッハにかんするテーゼ」のなかの第一テーゼで言った。対象・現実・感性を、人間的な感性的活動・実践として、主体的にとらえなければならない、と。

ここで、対象とは、われわれが対決する対象たる客体のことであり、感性とは、この対象に対決するわれわれ人間主体のことであり、そして現実とは、この両者をふくむ物質的現実そのもののことである。マルクスは、この物質的現実そのものを、われわれがこの現実を変革するために、われわれ人間主体がおのれの対象たる客体に働きかける活動として、すなわち人間的な感性的活動・実践として、主体的にとらえなければならない、ということを言っているのである。

さらに、マルクスは、その第一一テーゼで次のように言った。「哲学者たちは、世界をさまざまに解釈してきただけである。肝心なのは、それを変革することである。」と。

われわれは世界を・この物質的現実を・変革しなければならない、ということを、マルクスは明らかにしているのである。

われわれは、このマルクスの実践的唯物論をわがものとし、拠点としなければならない。

われわれは、これをうけついだ黒田寛一の場所の哲学＝変革の哲学をおのれのものとし、われわれはこの場所たる物質的現実を変革するのだ、この場所を超克するのだ、というようにアプローチしなければならない。

二〇二三年九月二六日

〔2〕 大衆闘争論的解明と革命闘争論的解明のはざま

大衆闘争論的解明は、われわれ(わが組織)が既成の労働運動・大衆闘争に対決するという立場にたつ、ということを出発点とする。革命闘争論的解明は、ソビエト（このソビエトがわれわれ）が現存の国家権力に対決し・これを打倒するという立場にたつ、ということを出発点とする。

では、われわれがいかにしてソビエト（労働者評議会）を創造するのか、ということをわれわれはどのようにして解明すべきなのであろうか。われわれは、われわれが何に対決するという立場にたつ、ということを出発点にするのであろうか。

こういうことの解明は、――大衆闘争論的解明と革命闘争論的解明とを二本柱とする――これまでのわれわれのアプローチではぬけおちていた。

われわれは、現存する国家権力および支配階級の攻撃にたいして、もろもろの労働組合・および・労働組合のない職場の労働者たち、そしていろいろな諸階層の大衆諸団体などを結集して統一戦線を結成し、この統一戦線を主体としてたたかい、一定の主客諸条件のもとで、あらゆる職場に――その職場のすべての労働者の参加のもとに――職場労働者評議会（職場ソビエト）を創造し、これを基礎にして、産業別労働者評議会（産業別ソビエト）および――地区のあらゆる勤労諸階層の人びとを結集して――地区労働者評議会（地区ソビエト）を結成していかなければならない。

このようなわれわれの闘いの指針を解明するためには、われわれは、われわれが創造し展開している階級闘争・および・この階級闘争によってつくりかえてきている階級的諸関係、このような階級的現実をわれわれが変革する、という立場にたたなければならない。

このことの解明にわれわれがつらぬかなければならないのは、われわれはわれわれが創造している物質的現実を変革していくのだ、という論理である。

われわれは、自分が所属する労働組合の現実そのものを・あるいは・自分が働いている職場の現実そのものを変革する、という実践的立場にたってわれわれの実践の指針および諸活動を解明しなければならない、と論議してきた。この実践的立場を階級闘争論的立場とよび、この解明を階級闘争論的解明とよんできた。

われわれがソビエトを創造するための主体的論理を解明するためには、まさに、われわれがこの間論議してきたところのものを貫徹すべきなのである。

二〇二三年九月三〇日

〔3〕「子どもをつくるな」という黒田寛一の指導は誤謬である

革マル派結成以降、黒田寛一は、革命的フラクションのメンバーをふくむすべての組織成員にたいして、「子どもをつくってはならない」というように指導し、全組織的に貫徹してきた。

われわれは、探究派結成以後、黒田のこの指導は誤謬である、と考え、この指導に従ってきたおのれ自身を反省する論議を積み重ねてきた。

黒田は、子どもを産み育てるには大変なエネルギーを必要とする、組織成員はそういうことに力を注ぐのではなく、みずからを共産主義者へと鍛えあげていくために勉強せよ、という考えであった、といえる。革マル派結成の直後に黒田がこういうことを書いた文書があるけれども、いまは私の手元にはない。

私は、思想的にも組織的にも高度な共産主義者をつくりあげていくためには、という考えのもとに黒田の指導をうけいれてきたのであったが、いろいろな問題に直面して、はたしてこういうことで強靭で強大なプロレタリア前衛党を創造することができるのか、という疑問をもった。この疑問を同志たちに提起し、論議してきたのである。

黒田の組織指導や晩年の彼の思想などを検討することをとおして、この問題についてさらにほりさげていかなければならない、と私は考えるようになった。

『実践と場所』全三巻につらぬかれているもの、すなわち、晩年の黒田は自分が日本人であることにおのれの心のよりどころをもとめたといえること、そして、革マル派結成以来、彼は労働運動の推進と組織づくりをめぐって松崎明を「ケルン主義」と執拗に批判していたこと、さらに、黒田は、組織成員が職場での闘いにおいて何を感じ何に苦しんでいるのかをリアルに感覚しつかみえるとはいえないこと、これらの問題と統一的に、子どもをつくらないという問題をほりさげていくことをとおして、黒田は、組織成員が共産主義者となり共産主義者であることを、革命とわが組織におのれを捧げ献身的な人間になることにもとめたのではないか、と私は考えたのである。

すなわち、黒田の組織成員の育て方は、プロレタリア的聖人君子づくりのようになっている、ということである。

それが、晩年には、組織成員に、組織成員にふさわしい人間的資質の体得として、日本人らしい感性と情感と礼儀作法を身につけた人間になることを求めたのだ、といわなければならない。これは、日本人的聖人君子づくりのようなものだ、といえる。

組織成員に、子どもをつくらずに、ひたすらマルクス主義と反スターリン主義理論の学習に励み、革命とわが組織におのれを捧げる人間となることをもとめるのでは、そのメンバーを、自分の職場で——多くのばあいに一人で——職場闘争をくりひろげ党細胞を創造していく、そのような強靭な共産主義者に育てあげることはできない。そのメンバーは、職場の労働者たちとはかけ離れた感覚しか持ちえず、彼らとは隔絶された地平でおのれを「革マル派だ」と自己確認する人間になってしまうことになる。

プロレタリア革命を実現するためには、われわれは、場所的現在において、自分の職場に党細胞を創造しなければならないのであり、不断に職場闘争を展開し、職場の労働者たちすべてを階級として組織していかなければならないのである。そして、一定の危機的情勢のもとで、われわれは、創造し確立してきた党細胞と種々のフラクションを実体的基礎にして、職場のすべての労働者を結集して職場労働者評議会（職場ソビエト）を結成し、産業別労働者評議会（産業別ソビエト）および地区労働者評議会（地区ソビエト）を創造するためのそれぞれの代表を選出しなければならないのである。

これを実現するのが、わがプロレタリア前衛党なのである。われわれは、大量の労働者たちに共産主義的意識の獲得をうながし、彼らを党組織へと組織していかなければならない。あくまでも、強靭で強大な前衛党を建設することが肝要なのである。

二〇二三年一〇月一日

〔4〕反省しないかぎり妻にあわせない、とする黒田寛一の組織的処分のやり方は誤謬である

黒田寛一は、組織成員が自分を批判した・あるいは・自分の意向に反する言動をとったと判断したばあいには、その組織成員は組織破壊行為をおこなったのであり、組織成員としての資質に欠損がある、として、そのメンバーを通常の組織形態と組織的任務から外して、組織成員にふさわしい資質を獲得させるた

めの独自的措置をとり、一定の区切り――そのメンバーが自己批判し自己変革に励んでいると黒田が判断することが「一定の区切り」と呼ばれた――をつけるまでは妻（あるいは夫）にあわせない、とした。これが、革マル派組織における組織的処分であり、この独自的措置は「教育的措置」と呼ばれた。

われわれは、探究派結成と同時に、われわれ自身が黒田のこの組織的処分のやり方に屈してきたことを反省し、このような組織建設を突破することを決意して、新たな反スターリン主義前衛党組織を創造する努力を積み重ねてきた。

黒田のこのような組織的処分のやり方は、組織成員に、黒田への恐怖と盲従をよびおこした、といえる。この恐怖と盲従は、その処分を眼前にし、そのなかの誰かが当該のメンバーの教育を担ったところの常任メンバーたちと党機関の成員たちに顕著だったのであり、革命的フラクションのメンバーであった労働者組織成員は、自分たちの組織を担当する常任メンバーの背後に黒田を見て、その指導に従ったのだ、といわなければならない。

このことは、組織内部の思想闘争を、組織成員が黒田の意向をおしはかり、それに自己納得することを相互に確認しあうものへとゆがめた、といわなければならない。

このような内部思想闘争のあり方を克服し、組織建設のゆがみを突破していくためには、黒田の組織建設のしかたはどのようにゆがんでおり、その根拠はどこにあるのか、ということをわれわれはえぐりだしていかなければならない。

われわれ組織成員一人ひとりの共産主義者としての主体性の確立ということを確認するだけではすまない。黒田その人が明らかにしたそのことを、われわれはわがものとし、おのれの肝に銘じて、革マル派組織を強化し確立するために奮闘してきたのだからである。そのうえでわれわれが生みだしたところの組織建設のゆがみが問題なのだからである。

もしも、黒田のこの組織的処分のやり方と教育的措置としてなされるところのものがおかしい、と批判するならば、そしてこの批判を貫徹するという姿勢をしめしつづけるならば、この私は、一生、「組織的犯罪者」として、労働者同志たちの誰とも会えないことになってしまうのだからである。

プロレタリア世界革命を実現するためには、そのための前衛党組織を創造するためには、私は、一生幽閉されている――これは、私の身体的諸条件のもとでは、私は早晩廃人に追いこまれることになる――わけにはいかないのである。私は、私が「外から内へ」というかたちでのイデオロギー的＝組織的闘いを展開することが必要だ、と判断したのである。

二〇二三年一〇月二日

〔5〕「党組織の横にいてサポートする者」たる常任メンバーとはいったい何なのか

私は、以前に、次のように書いて黒田の文章を引用した。

「黒田寛一の党組織建設にかんする展開は、頭のなかの理念的なものを書いているというように考えるならば、整合性があり理解できるのだが、今日的に、あらためて、現実と照らし合わせて読むならば、そこで展開されていることは現実とはまったく異なるのである」、と。

引用した文章は、「労働者同志諸君へ」（一九九三年七月三十一日）で展開されている次のものである。

「直接的には、わが党は労働者党であって、下から上まですべて労働者自身によってつくりだされなければならない。たとえば中央労働者組織委員会ならびにそれに所属する諸々の産別委員会、もろもろの産別委員会に所属する諸々の労働者細胞、これらすべては労働者自身によって担われている基本組織である。そして常任メンバーとは、かかる党組織の横にいてサポートする者、つまり〝用務員〟でしかないのである。ブルジョア企業の構造を模倣して言うならば、労働者組織委員会から各級産別委員会へ・そして労働者細胞へ、というラインにたいして、スタッフとしての位置づけが与えられるもの、それが常任メンバーとそのグループなのである。主体はあくまでも労働者組織にあり、常任はその〝お手伝い〟でしかないのである。ところが、労働者細胞の確固とした形成が十分になされていないことと関係して、産別委員会組織もなお十分であるとは言いがたい。このようないわばラインをなす労働者組織のピラミッド構造とそれをサポートする常任メンバーとの有機的関係を確保し実現すること、これをわれわれは意識的に追求してきたのであるけれども、なお十分ではない。」（『組織現実論の開拓 第五巻 党建設論の確立』二四九～二五〇頁）

ここでは、整合性のある・これの内容的展開そのものを検討しよう。

わが党の組織は、はたして、ここで論述されているようなものでいいのであろうか。

「党組織の横にいてサポートする者、つまり〝用務員〟」、「主体」である「労働者組織」の「〝お手伝い〟」である常任メンバーとはいったい何なのか。この常任メンバーのグループとはいったい何なのか。中央労働者組織委員会や産別委員会やそして労働者細胞という「労働者自身によって担われている基本組織」、「かかる党組織の横に」「サポートする者」というようなものとして、常任メンバーなるものが存在していていいのか。「ブルジョア企業の構造を模倣して」言えば、労働者自身からなる「基本組織」たる「ラインにたいして、スタッフとしての位置づけが与えられるもの」として、常任メンバーのグループなるものが存在していいのか。

このような常任メンバーのグループは、党組織建設論からするならば、党の組織構成のどこに・どのように位置づけられるのか。

「労働者自身によって担われている基本組織」、「かかる党組織の横にいて」とされるかぎり、常任メンバーは党組織の外側にいることになるのである。常任メンバーは党組織を構成するその成員、すなわち組織成員ではないのだろうか。党組織の横にいる組織成員、「サポートする者」である組織成員というようなものが、プロレタリア前衛党に存在していていいのか。

「サポートする者」「〝用務員〟」というような存在であって、常任メンバーはどのようにしておのれのプロレタリア的主体性を確立するのであろうか。「党組織の横」にいる常任メンバーはどのようにして組織の一員たるの自覚を獲得し、どのようにしてプロレタリア的主体性と統一された組織性をおのれのものとするのであろうか。

常任メンバーはこのようなものであるかぎり、雲の上にいるだけの、根無し草の人間になってしまうのではないだろうか。このような常任メンバーは労働者同志と思想的・組織的・そして人間的の同一性を創造することは、決してできないのではないだろうか。

この引用文で挙げられている党の諸組織形態では挙げられていないものがある。それは、党の最高指導部である政治組織局である。(ここでは編集局や事務局などについては触れない。)

この政治組織局は、その構成員として労働者党員をふくむとされているとしても、その大多数は常任メンバーすなわち職業革命家である。この政治組織局は、「党組織(党の基本組織)の横にいてサポートする者」＝〝用務員〟＝〝お手伝い〟というような者によって構成されていてよいのだろうか。それとも、黒田以外の労働者組織担当常任メンバーはこのような存在であるけれども、黒田一人だけは違う、というのであろうか。

黒田が解明したわれわれの前衛党組織論からするならば、政治組織局は党の最高指導部であって、それを構成する一定のメンバーが労働者組織の指導を担当するのであり、このような政治組織局員が労働者組織担当常任メンバーのなかの指導的なメンバーをなしているのである。このような常任メンバーを「党組織〔党の基本組織〕の横にいてサポートする者」というように理論的に規定するならば、労働者組織を指導する位置にある党の機関のメンバーがその労働者組織を横からコントロールする、ということの理論化になってしまうのである。

常任メンバーは、中央労働者組織委員会の横にいるのではない(地方委員会にかかわる問題はここでは触れない)。政治組織局員であるところの労働者組織担当常任メンバーと、政治組織局員ではないけれどもその中心的な常任メンバーと、主要な各産別委員会から選出される労働者党員、これらが中央労働者組織委員会を構成するのである。そうでなければ、中央労働者組織委員会を形態的にも実体的にも強化し確立していくことはできないのであり、常任メンバーはおのれ自身を中央労働者組織委員会の構成員にふさわしいものとして思想的にも組織的にも人間的にも鍛えあげていくことはできないのである。まさに、そうでなければ、中央労働者組織委員会を構成するすべての組織成員が、思想的・組織的・人間的の同一性を創造したかめていくことは、決してできないのである。

では、それ以外の労働者組織担当常任メンバーはどのような組織形態に所属すべきなのか。私は、そのようなメンバーといったものをつくるべきなのか、という気がするのである。いまは、週何日かのパート労働ということもできるのだから、労働者党員ということでいいのではないか、という気がするのである。この問題については、また別に論じることが必要である。

ブルジョア企業と類推したところの、ラインにたいするスタッフ部門という・常任メンバーからなるグループといったものを前衛党組織に位置づけることそれ自体が誤謬なのである。「党組織の横にいてサポートする者」というように、「横にいて」とか「サポート」とかという概念規定を前衛党組織論にもちこむことそれ自体が、もってのほかなのである。それは、前衛党組織論の俗人化である。黒田寛一はみずからの『組織論序説』を破壊したのである。それは、革マル派組織そのものの変質をもたらすこととなったのである。

二〇二三年一〇月三日

〔6〕 学生出身のメンバーをそのまま党常任メンバーにすべきではないのではないか

黒田寛一は、学生出身のメンバー、すなわち中央学生組織委員会の構成員、マル学同（マルクス主義学生同盟）員、さらに全学連フラクション員、これらのメンバーのなかから労働者組織の指導を担う常任メンバーを育てる、というように追求してきた。しかし、これは無理なのではないだろうか。私は、現在的には、すべてのこれらの学生出身のメンバーにかんしては、就職させ、労働戦線に移行させるべきである、と考える。それは、彼らが、疎外された労働を経験する必要がある、ということからだけではなく、彼らが、自分の職場で職場闘争をくりひろげ、これをつうじて党細胞の担い手を創造するための闘いを展開する必要がある、ということからである。

そして、職場で組織したメンバーをふくめてどしどし細胞員をつくりだし、細胞を確立して、この細胞員のなかから労働者組織担当常任メンバーをつくりだすべきである、と私は考えるのである。

二〇二三年一〇月三日

〔7〕 われわれはわれわれが創造し推進している階級闘争のこの現実を変革していくのだ、と論じること

さきに「われわれ主体が客体を変革すると論じることと、われわれが物質的現実を変革すると論じること」という表題で書いた文章を組織会議で論議したときに、わが同志から、「この表題で書かれていることの後者の「われわれが物質的現実を変革すると論じること」については、本文で「〈場所の超克〉の論理」と規定されているのだから、この表題でも「〈場所の超克〉の論理」と書いてはダメなのか。そのほうが頭に入りやすいのだが」、という質問をうけた。

私は、「うーん。「われわれが物質的現実を変革すると論じること」ということでもって私が言おうとしていることと「〈場所の超克〉の論理」ということとは、ちょっとニュアンスが違うところがあるんだよね。そこをうまく明らかにすることができなくて、われわれがいま論議していることがらを「〈場所の超克〉の論理」ということでもって無理に基礎づけているところがあるんだよね。それで、表題では、もともとの「われわれが物質的現実を変革すると論じること」と書いたんだよ」、と答えた。わが同志は「そうか」とうなずいた。

このあと、別の組織会議でこの論議を紹介して論議したときに、別の同志が「われわれがいま論議して

いるのは、われわれはわれわれがつくりかえてきている現実を変革するのだ、この現実、われわれの対象とわれわれ自身とを変革するんだ、ということなんですよね。こういうことは、黒田さんは書いていませんよね。僕がいまやっているのは、まさにこれだ、と思うんですよね」、と発言した。私は、「うーん。そうなんだよね」、と答えた。

これらの論議のあと、私は考えてきているのであるが、われわれは新たなことを解明してきているのだ、と考えたほうがいいような気がしてきたのである。

西田哲学や田辺哲学を批判的に摂取することをとおして明らかにされた、梯明秀の哲学や梅本克己の哲学、彼らがもちいた表現をつかってわれわれの哲学を論じるのを突破して、黒田寛一が解明した実践論そのもの――実践の場所の哲学ではなく、われわれの実践そのものの主体的解明――をわれわれはわがものとし継承し、これを基礎として、われわれがいまやっている実践そのものを哲学的にも組織論的にも考察したほうがいいのではないか、と私は思うようになったのである。

われわれはわれわれのおいてあるこの場所を変革していくのだ、というように論じることと、われわれはわれわれが創造し推進している階級闘争のこの現実を変革していくのだ、というように論じることとは、やはり少しばかり異なる、と私は感じるのである。後者については、哲学的抽象的には、われわれはわれわれがつくりかえてきているこの現実を変革していくのだ、というように表現することができる。

黒田寛一は、大衆闘争論的立場＝のりこえの立場、すなわち、われわれが既成の労働運動・大衆闘争をのりこえていくという立場（〇⇓Ｐ」）ということを明らかにした。また、党派闘争論的立場、すなわち、われわれが・腐敗した党派を直接的に解体していくという立場（〇⇓〇」）ということを論じた。さらに、革命闘争論的立場、すなわち、ソビエトたるわれわれが国家権力を打倒するという立場（$S \Rightarrow M_t$ というように記号的に表現したであろうか。M_t という記号の部分が不確かである）ということを解明した。これらについては、$O \Rightarrow P_1$　$O \Rightarrow O_1$　$S \Rightarrow M_t$ というように記号的に表現されている部分を四角で囲めば、それは〈場所〉をあらわすことになるわけである。

　これらの解明は、それ自体としては、私が現在的に考えても、すべて正しい。だが、これらはすべて、われわれがわれわれにとっての客体に対決するという立場の解明なのである。解明主体たるわれわれがそのようにアプローチしたものなのである。このような解明では、われわれはわれわれが創造し推進している階級闘争のこの現実に対決するという立場にたつのだ、というようにアプローチしての解明は欠如しているのである。私がいま、欠如していると言ったことがらを哲学的抽象のレベルで表現すれば、われわれはわれわれがつくりかえてきているこの現実に対決するという立場にたつのだ、というようにアプローチする、ということである。

　われわれがいま論議していることがらについては、「われわれのおいてある場所」という表現をもってしては明らかにしえないものがある、と私は感じるのである。

「われわれ主体が客体を変革すると論じることと、われわれが物質的現実を変革すると論じること」という表題で書いた文章では、われわれはわれわれにとっての対象とわれわれ自身とをふくむ物質的現実そのものを変革するのだ、ということを私は強調したわけである。しかし、これでは、われわれがつくりかえてきているところのそれを、だ、ということを明らかにしえていないのである。この意味で、「おいてある」という表現に、私は不満足なのである。

この問題を哲学的にはどのようにほりさげていけばいいのか、ということは、私にはまだよくわからない。

当然にも、西田幾多郎も田辺元も梯明秀も梅本克己も革命家ではなかった。革命家には革命家にふさわしい表現が必要なのではないか、というように私はいま感じるのである。

二〇二三年一〇月四日

〔8〕黒田寛一は自分を「組織を創造する松崎明をサポートする者」と意識していたのではないか

いろいろと諸組織会議で論議してくることをとおして、私は、黒田寛一が、常任メンバーとは「労働者自身によって担われている基本組織」、「かかる党組織の横にいてサポートする者」なのだ、と言ったときには、自分自身をこの「党組織の横にいてサポートする者」に位置づけていたのではないか、という気がしてきた。『組織論序説』の展開が気になってきたからである。

その展開を順番に見ていく。

前衛党組織本質論的展開の冒頭で次のように論述されている。

「……もって人間の人間的解放を実現せんとする共産主義者のこの現実的運動の実体的基礎が、前衛組織であり、その政治的結合体が前衛党である。」(『組織論序説』こぶし書房、一九六一年刊、二二四頁。傍点は原文――以下同じ）

私は、『日本の反スターリン主義運動　2』を読むまでは、ここにいう「前衛組織」を「前衛党組織」のことだ、と理解していた。

この展開をはじめて読んだとき、私は、前衛党組織論を前衛党組織論として理論的に論述するときにはこのように展開するものなのか、と感じた。というのは、ここでは、前衛党をボンと規定するのではなく、まず前衛組織について規定したうえで、その政治的結合体として前衛党を規定する、という論理展開になっている、と私は感じたからである。私は、われわれが前衛党をつくりだすのであり、出発点においてはその前衛党を数人でつくりだし、それが細胞分裂していくというかたちで前衛党を確立していくのだ、というように考えており、これからすると、「結合」という規定はでてこないからであり、また、われわれは政治を廃絶するのだ、と考えており、これからすると、「政治」という規定はでてこなかったからである。私は、前衛党組織論としてはこのように規定するのか、と思ったのであったが、自分の考えそれ自体は、そうだと思っており、この引用文と同じ論理展開を自分ですることはなかった。

いま、私は、前衛党を前衛組織の政治的結合体と規定するこの規定については、われわれはこれを今日的に検討する必要がある、と考えるのである。

『組織論序説』では、右のことを論じたうえでプロレタリア的主体性の確立が論じられる。

「前衛組織成員におけるプロレタリア的主体性の形成と確立、一切のブルジョア的汚物からの決別と自己否定をとおして獲得されるべき共産主義的人間としての主体性の確立、これこそが、前衛党の革命性、その規律性と組織性を保証し貫徹してゆくための主体的根拠にほかならない。……前衛党の組織問題は、それゆえに、共産主義的人間の確立を**第一**の前提条件とするのである。」（二二六頁。——ゴシックは原文）

ここでは、「前衛組織成員における」というように論述されていることに注意しておくべきである。これの展開のうえで、「職業革命家」について論じられる。

「プロレタリア前衛党は、もちろん直接的には「革命家の組織」として結集され、革命運動の指導部、プロレタリア階級の先頭部隊の役割をはたす。けれども、本質的には、労働戦線の内部においてプロレタリアを革命的前衛＝革命的プロレタリアとして創造し、その政治的結集体として前衛党が実存することなしには、革命闘争を勝利にみちびくことは決してできない。いいかえれば、「革命家の組織」は「労働者の組織」の外部から宣伝し煽動し指導するだけでは全く不十分である。労働戦線の深部に確固としてうちたてられたプロレタリア前衛組織を実体的基礎としたその政治的表現形態として実現される場合にのみ、前衛党は真の前衛党たりうるのである。たたかうプロレタリアが革命的前衛として同時に「革命家の組織」の一員でもある、というような実体構成をなす前衛党（かかる党づくりのテコとなるものが「職業革命家」である）、……」（二二九頁）

この体系的展開では、ここではじめて「職業革命家」という規定がでてくるのである。この脈絡では、プロレタリア的主体性の確立が必要である、ということは、前衛組織成員の問題として論じられ、職業革命家となることをめざす人間はプロレタリア的主体性を確立しなければならない、という問題はまったく論じられていないのである。したがって、存在としてはプロレタリアではなく・インテリゲンツィアである人間をいかにしてプロレタリア的主体性を獲得した人間へと育てあげ、職業革命家たらしめるのか、ということの組織論的解明は何らなされていないのである。ここでは、職業革命家はプロレタリア的主体性を確立しているということをあらかじめ前提としたうえで、それに、党づくりのテコとなるものという規定があたえられているのである。

さらに、このような展開のずっと後で「革命的指導部」という規定が明らかにされる。

「〔反スターリニズム・反社会民主主義〕のさまざまの闘いを通じて労働戦線の内部に確固としてうちたてられる革命的中核、革命的プロレタリアートの前衛組織は、一方では、堕落した既成左翼諸政党や労働運動の公認指導部と鋭角的に対立した真の革命的前衛党、あるいはその創成のためにたたかっているその母胎としての革命的マルクス主義者の政治集団との関係においては、その実体的基礎をなし、革命的指導部がうちだす闘争戦術を物質化し既成公認指導部をのりこえつつ闘いを推進してゆくための下部組織としての機能をはたす。……」（二八〇頁。――傍円は原文）

ここでは、前衛組織は、革命的前衛党のなかの下部組織として、したがってまた革命的指導部にとっての下部組織として、規定されているのである。革命的指導部の側から言えば、それは、革命的前衛党のなかの指導部として、したがってまた、下部組織たる前衛組織にとっての指導部として、規定されているのである。このようなものとして、「革命的指導部」の規定がなされているといえる。

それは、さらに立ち入って次のように規定される。

「いいかえれば、革命的指導部が真の革命的指導部でありうるのは、つねにそれがプロレタリア階級の内的可能性を現実性として意識的に対象化し表現する「外的」指導部、プロレタリアート全体の階級的諸利害とその運動全体の利益を代表し体現する指導部であるかぎりにおいてであり、またまさにこのゆえにこの「外部」からの働きかけは同時に「内部」における闘争として意義をもちうるのである。そして労働戦線の内部に実存してたたかう前衛組織とその「外部」の指導部とが、前衛党の構成要素として、それらの本質的あるいは実体的な同一性を確保し実現してゆく場合には、「外部」と「内部」とが有機的に結合された統一的な闘争の全面的な推進はプロレタリア階級の内的可能性の現実的な展開となり、かかるものとしてその解放の必然性は措定されうるのである。」（二八一頁）

この展開は、革命的指導部と前衛組織とを異なるものとしてあらかじめ前提としたうえで、両者の連関づけを、プロレタリアートの内的可能性・現実性・必然性ということから対象的・存在論的に説きおこしたものにすぎない。存在論的といっても、これは、前衛党の組織構成を本質論的＝存在論的に展開したものだ、というようにも言えないのである。ここにいう革命的指導部は、どのような成員によって構成されなければならないのかという、実体論的考察そのものがぬけおちているのである。

以上みてきた前衛党にかんする諸規定の問題性の根拠は、出発点においてわれわれが創造するところの前衛党組織・すなわち・一つの組織形態を、前衛党組織の原基形態として、黒田が明らかにしていないことにある、と私は考える。この前衛党組織を前衛党組織の原基形態として規定し、プロレタリア的主体性の確立の問題を、この前衛党組織の成員がプロレタリア的主体性を獲得すべきこととして明らかにしなければならない。

この前衛党組織は、指導部をなすと同時に細胞をなす。それは、同時に指導部であるところの細胞なのであり、同時に細胞であるところの指導部なのである。この前衛党組織の成員であるわれわれは、この前衛党組織を形態的に確立することを基礎にして実体的に確立するのであり、この組織を実体的に確立することを媒介にして形態的に確立するのである。この前衛党組織の形態的実体的確立・および・新たな組織成員の獲得を基礎にして、われわれは、この前衛党組織を、前衛党の指導部とそのもとにある諸細胞群とに分化していくのである。このばあいに、それぞれの産業部門の労働者同志が創造する細胞は同時に産業別労働者委員会をなすのである。われわれは、それぞれの産業別労働者委員会の同志たちが選出するその代表を構成員として中央労働者組織委員会を組織しなければならない。

われわれはこういうことがらを解明すべきなのであって、革命的指導部と前衛組織とをあらかじめ別々のものとしておさえたうえで、両者の関係を説きおこすのはおかしいのである。

では、黒田がそのような論理的理論的展開をおこなったのはなぜなのか。

黒田は、『日本の反スタ運動　2』で次のように論じている。

「さらに（ハ）「前衛組織」の規定そのものにも関係していること。前衛党が「前衛組織の政治的結集体」であると規定されていることの根底には、一方では前衛党になお結集していない、あるいは政治的に結集されていない種々の前衛組織（＝革命的プロレタリアの組織、たとえばわが同盟が指導している学習会やフラクション、ある一定の党派に所属していない戦闘的あるいは革命的プロレタリア、「反社民・反スタ」のアナルコ・サンジカリストその他）が存在していることの確認が、……よこたわっているのである。」（二三〇頁）

「政治的結集体」「政治的結合体」という規定がなされた理由はこれでわかる。だが、この『反スタ　2』では、この「前衛組織」とはあらかじめ別に「革命的指導部」というものを設定したことは何ら反省されていず、この規定は維持されているのである。

このことは、黒田が、自分は革命的指導部の側にいて、理念的にはこの指導部の一員でもある倉川篤（松崎明）が労働者組織（ケルン）を創造するのであり、自分はこの倉川の相談にのるのだ、と考えていたことにもとづく、といわなければならない。黒田は、マルクス主義や反スターリニズムの文献の学習会（労働者大学）をやって、倉川らを思想的に教育したわけである。感化したのである。感化された倉川が、日共系や社会党系の労働者たちを集めて学習会をやり、その担い手を変革して全線委員会（国鉄委員会）を創造してきたのだ、といえる。倉川が組織したこの学習会や全線委員会が「前衛組織」と規定されたのであり、学習会のほうは前衛党になお結集されていない前衛組織であり、全線委員会は前衛党という政治的結集体の構成部分をなしている前衛組織である、と規定されたのだ、といえる。

いろいろと文献を探しても、また聞いたことを思い起こしても、黒田が組織会議に参加して動労の運動の組織化と全線委員会の強化・拡大をめぐって労働者同志たちと論議した、という形跡は見あたらない。黒田の意識では、革命的指導部の側にいる自分は、労働者組織との関係においては、その横にいて、倉川の相談にのるというかたちでサポートするのだ、としており、そして現に黒田はそのように実践していたのだ、と思われるのである。

これが、『組織論序説』の理論展開を根底から規定しているものだ、と私は考えるのである。

それと同時に、すでに引用した部分で次のような規定がなされていた。すなわち、「前衛組織」は、「革命的指導部がうちだす闘争戦術を物質化し既成公認指導部をのりこえつつ闘いを推進してゆくための下部組織としての機能をはたす」（二八〇頁）、と。この展開を革命的指導部の側から読むと、革命的指導部は、下部組織たる前衛組織が物質化する闘争戦術をうちだすのだ、と黒田が考えていたことがわかる。ここで、この闘争戦術は、組織戦術にふまえた闘争戦術、闘争＝組織戦術というように考えられていた、といえる。

ここから、黒田は、革命的指導部の側にいる自分は闘争戦術をうちだすのであり、前衛組織はこの闘争戦術を物質化するのだ、という考え方をもっていた、とつかみとることができるのである。労働者組織の会議に自分が参加して、その論議をとおして、労働者同志たちがうちだすべき闘争戦術をねりあげるのだ、というようには、黒田は考えていないのである。このことを考えると、一九六五年の9・20反合理化闘争のスローガンにかんして、それを、黒田は職業革命家の本庄武と論議して解明し、国鉄の同志たちへはその本庄武につたえさせた、ということが、すなわち黒田がなぜこういうように実践したのか、ということがよくわかるのである。

黒田は、革命的指導部の側にいて闘争戦術をうちだす、と同時に、労働者組織の横にいてその組織建設をサポートする、という組織活動のしかたであったのだ、というように、私にはどうしても思えるのである。

これでは、前衛党組織を建設することはできないのである。

二〇二三年一〇月九日

〔9〕「ずいぶん、つぶしてきたなあ。朝倉文夫だろ、山代冬樹だろ、……、……」

マルクスとエンゲルスも、レーニンやトロツキーも、そうだった、と言えば、そういえるかもしれない。黒田寛一は、突然、大声で私に言った。「ずいぶん、つぶしてきたなあ。朝倉文夫だろ、山代冬樹だろ、……、……」

黒田は、自分を継承する一人の革命的マルクス主義者をつくりだすために必死で奮闘してきたのだ、といえる。

私にかんしては、革命的マルクス主義者へと育てるべき一人になったことはなかったであろう。黒田は、私を、人の気持ちがわからない合理主義者であり、組織建設をやらせるわけにはいかない、と判断していたのだからである。(ちなみに、葉室真郷も片桐悠もこの対象ではなかった。黒田は、もっと癖の少ないメンバーを選んだようである。)

その後の経緯をたどるならば、その最後が足利隆志であった。かの土井につき従ったメンバーである。

望みはついえさった。

生みだされた現実は、歴史的過去とは異なって、プロレタリア的主体性論を貫徹した前衛党組織建設論をうちたてたうえでのことなのである。

なった、といえるのであろうか。

だが、黒田は、政治組織局において、またその成員以外の常任メンバーたちと徹底的に思想闘争をおこなった、と私は考える。今日的に聞いたことをふくめていうならば、

問題はもっとドロドロしたところにあった、と私は考える。今日的に聞いたことをふくめていうならば、中央で長い間組織活動をおこなってきた常任メンバーたちは、「あの人はああいう人だから政治的なところではわからないことがあるんだ」とか、「あの人はいったんイメージをつくったら絶対変わらないから、早く自己批判したほうがいいよ」とかというように、黒田を軽んじて自分の方針のもとに行動したり、処世術的なものを編みだして対応したりする傾向があった。それを感じとった黒田は、それそのものを問題にすることなく、もっと明白な理論的・実践的誤謬をとりあげて、その常任メンバーをバチンと批判し、組織的に処分し教育的措置をとった。

政治組織局員たちがもっとも警戒心をもって行動しなければならないときに羽目をはずしたことをおこなった、ということがあった。これをおしとどめようとして押し切られたメンバーから、当然にも黒田は報告をうけた、と思われるのであるが、彼はこれを問題にはしなかった。その後、黒田への反発心を吐露した・これのリーダー格のメンバーを、黒田は、組織的に処分し教育的措置に処した。

右のようなことがらを念頭においてだと思われるのであるが、黒田は、常任メンバーの自分への相対し方を「面従腹背だ」と文書で批判した。

政治組織局員である常任メンバーは、組織的問題をめぐって黒田から自分が批判されたときに、黒田が現実的基礎にしている自分の発言について「自分はそんなことは言っていない。そう訴えても黒田さんは認めてくれない」、と反発し、それを鬱積させた。このことが、右のことの基礎になっているわけなのであ

る。

黒田は、教育的措置としては、当該のメンバーの人間的資質を変革するために、そのメンバーを一定の常任メンバーおよび一定の党の機関にあずけた。そうしたうえでは、黒田は、自分自身が当該のメンバーと直接に論議する、ということはしなかった。

しかし、これでは何も解決しない、と私は思うのである。組織的な問題をめぐって黒田から批判されたけれども現実認識が違うと思うことそのものや、反発心を吐露したことや、また羽目をはずした行動をとったことなどについて、当該のメンバーが黒田と直接に論議しないことには、何も解決しない、と私は考えるのである。しかし、黒田はこういう論議をしないのである。

こういう論議を政治組織局の会議そのものでやればいい、と私は思うのである。そうすれば、その構成員たちは、当該のメンバーの発言については自分はこう聞いた、というようにはっきりさせることができるし、吐露した反発心については自分はこう思う、という意見を表明することができるし、さらに、羽目をはずした行動については、自分はこう反省する、というように、自己批判をのべることができるのである。

こうしなければ、相互変革的な内部思想闘争にならない、と私は思うのである。

私がいま、こう書いているのは、このことは、私が政治組織局員ではないときのことだからである。これよりもあとの、私が政治組織局員であったときには、私がおこなった組織指導が黒田から批判されたことにかんして、これの組織的とりくみのための論議がどうであったのかをふりかえるために、「これは、このときに、黒田さんとこのように確認しておこなったことなのですが、そういう論議ではなかったのでしょうか」、と私が質問し、その返答がもらえないことに、私があがいて、私は精神的神経的に破綻してしまったのである。

私の先輩の常任メンバーたちも、私と同様の精神的神経的状況におちいったのだ、と推察されるのである。彼らは、おのれと黒田とを何ら捉えかえせないままに、戦線逃亡するか、自己を喪失したままで組織のなかで生活しつづけるか、ということになった、といえるのである。これが、黒田が「つぶした」と表現したところのものなのである。

私は、黒田が指導し推進した組織建設そのものの問題をえぐりだし突破しなければならない、と考え、いま、これを書いているのである。

二〇二三年一〇月一〇日

〔10〕「面従腹背だ！」

黒田寛一が労働者組織担当の中心的な常任メンバーにたいして批判したのは、「面従腹背だ！」ということであった。

このことに孕まれているものをほりさげてえぐりだしていくためには、常任メンバーが相談した組織的な問題にかんして、黒田がその問題を打開するためにどのような指針を提起していたのか、ということを分析し検討することが必要である。黒田と直接に相談しながら組織指導をおこなっていた常任メンバーたちは、「あの人は政治的なことはわからない」とか、「あの人は、組織成員の認識にかんして思いこんだら変わらない」とか、と言っていたのだからである。

具体的に検討する必要があるので、私が政治組織局員であったときに体験したことを考える。

私が黒田に電話で「労働者メンバーが組合役員として活動しているときにこういう誤謬をおかした。これを克服するようにこのように論議した」、と報告すると、黒田から「組合役員をやめさせて勉強させるのがいいな」、と言われた。私は、やめさせるような話ではないと思い、「これは組合運動の組織化上の誤謬なのでこういうかたちで克服させるようにしたいのですが」、と言うと、彼は「それでいい」、と答えた。

黒田と電話で直接に話しできたときはいいのだが、労働者組織担当常任メンバーのセンターに報告を入れていたときには困った。往々にして黒田は、「組合役員をやめさせて勉強させるんだな」、というように方針をだし、これが組織的に普遍化されたからである。

私はできるだけ、センターに「黒田さんに、私に電話くれるように伝えてください」と要請して、直接話した。

こういうことが積み重なってきたときに、私は他の常任メンバーから、「黒田さんは、「あいつは、媒介的に〈センターのすわりのメンバーに伝えるというかたちで〉批判するのではなく、自分に直接批判してくれ、というんだ〈甘えているんだ〉」、と言っていましたよ」、と伝えられた。黒田の意識では、自分が私に批判している、ということのようであった。

私は、「黒田さんの言うことをそのままやる以外にないのか」という思いに駆られたのであったが、なんとか彼と意志一致しようともがいた。

そうすると、私は黒田から「自分〈黒田〉に母親との関係のようなものを求めている」と批判された。私は、このような批判をうけて精神と神経が錯乱してきて、常任会議の論議のなかで、これについては黒田からどうせよと言われるか、ということが頭を支配し、同志の発言を頭ごなしに封じる、ということもやってしまった。

私がもうだめだ、と確認するためといえる・私が参加したのが最後となった政治組織局会議で、私が、自分はこういうものにまでなっていた、と語ったことにたいして、黒田から「頭に黒田という魔物がとりついている感じか」と問われ「そうです」と答えた。この「魔物がとりついている」というのは、かつて、ある先輩の常任メンバーが発した言であった。

私は、「感情がない。人の気持ちがわからない。血も涙もない合理主義者」として、この人間的資質を変えるための教育的措置をうけることとなった。私は、この批判をうけとめ、自分には欠損している人間的資質を身につけるために努力した。と同時に、黒田とどのように意志一致すればよいのか、ということがわからず、このことが私の内奥に、苦しみとして・組織建設上の超えがたい問題として・残ったのである。

革マル派建設の破産についていろいろと検討してくることをとおして、黒田の内部思想闘争のしかたには問題が孕まれているのではないか、というように私は考えるようになり、いま、当時のやりとりを再生産したのである。

私はあくまでも黒田と意志一致するためにあがいたのであったが、直接に黒田と相談する立場にあった・他の歴代の政治組織局員たちや中心的な常任メンバーたちの多くは、黒田との関係のつくり方にかんして、独特な処世術のようなものや二重構造をつくっていたのだ、と考えられる。「あの人は政治的なことがわからない」とか、「あの人は思いこんだら変わらない」とか、と言っていたのだからである。

こういうことを考えて思い起こすと、いろいろなことがある。ある任務を遂行するために・ある労働者メンバーにかんして、黒田から「組合役員をやめさせるように」と指示されたのに、「組合役員であることは労働者メンバーにとって命なんだ」と言って、黒田には黙って、組合役員をやめさせなかった常任メンバーがいたことを、私は後で知った。また、「自分は力をつけて、黒田さんに、労働者メンバーを組合役員からおろさせないでほしいという自分の願いを聞いてもらえるようにするんだ」、と言っていた政治組織局員もいた。さらには、「黒田さんから、ブクロ派との党派闘争に勝利した、部隊〔行動隊〕を解散しろ、とセンター〔常任の連絡センター〕に入っていたが、自分は解散しないんだ。すぐにまた、黒田さんから、こういうことをやれ、と言われるので、部隊をいったん解散すると再度組織化するのが大変なんだ。すぐに行動できるように部隊を維持しておくんだ」、と言った常任メンバーもいた。

これらは、すぐに黒田に伝わったことではないのであるが、こういうことについては、黒田はいろいろなかたちで聞いたり感じとったりしたのだ、といえる。そうすると、黒田が常任メンバーたちに「面従腹背だ」と弾劾したのは、彼の当然の気持ちだったのだ、といわなければならない。

だが、そうすると、これのまえが問題となる。すなわち、いろいろな問題に組織的にとりくむために、黒田は常任メンバーたちとどのように論議していたのか、ということが問題となるのである。

黒田は、「(労働者メンバーにかんして)「長い目で見なければならない」「KK〔黒田〕は極端だ、性急だ」と言った常任メンバーがいる」と弾劾した。また、黒田は、「(癖のある常任になりたてのメンバーにかんして）「われわれは荒馬も乗りこなさなければならない」と言って癖を問わない常任メンバーがいる」と批判した。

私は、全国大会などで、黒田執筆の議案書が読みあげられるのを聞いて、こういうことを知った。黒田のこのような批判をめぐって政治組織局などでどのような論議がなされたのか、ということの報告はなかった。今日から考えると、論議がなされた形跡がないのである。

黒田のこの批判からするならば、この二つの件にかんして、当該の組織成員をどのように変革するのかをめぐって、黒田とその常任メンバーとが対立した、といえるのである。黒田が提起した方針にたいして、常任メンバーがこのように言って抵抗した、というように両者の対立を捉えることができる。ところが、当該のメンバーを変革する指針にかんしても、黒田のこの批判にかんしても、徹底的に論議された形跡がないのである。論議された形跡それ自体がないのである。

このことを考えて、黒田と私との論議を捉えかえすならば、黒田が「それでいい」と言ったので、私は黒田とのあいだで同一性を創造することができた、と思ったのであったが、決してそうではなかったのだ、と考えられるのである。黒田は、自分の考えをまったく変えていないのである。黒田が他の常任メンバーに、「あいつは、媒介的に批判するのではなく、自分に直接批判してくれ、というんだ」、と言った、というのも、私との論議が、黒田の意識では私を批判したものとなっているというだけではなく、実はその論議で私を批判しているつもりだったのだ、と思われるのである。すなわち、黒田は、私との論議の場で、自分は最初に「組合役員をやめさせて勉強させろ」と言ったのだから、その意をくんでそのように考えるべきなのだ、あんたはいろいろと言ったが、そういう話ではないのだ、自分〔黒田〕がどのように考えているのかを感じとる感覚さえもがないのか、という意識だったのであり、その後もそういう意識だったのだ、と考えられるのである。

黒田は私にたいして、「感情がない。人の気持ちがわからない。血も涙もない合理主義者だ」、と批判したのであったが、これはどうも、彼の実感そのものとしては、「自分〈黒田〉の気持ちを感じとる情感も情緒もない合理主義者だ」ということではないか、と思われるのである。彼が、感情の機微にかかわることとして私に要求したのは、「自分が何を欲しているのかを感じとり、それを実現するようにせよ」、ということだったのだからである。

私は、黒田の意をくむ、というような感覚も意志もまったくもっていなかった。黒田が対象化したもの=言表したものを基礎にして彼の目的意識をつかみとり、それにたいして自分の意見を言う、ということだけだったのである。そして、わからないことについては質問したのである。

だが、この間、いろいろと検討してくることをとおして、自分が黒田の目的意識を何らつかみとりえていなかった、と私は自覚した。黒田が「組合役員をやめさせて勉強させよ」と言ったことにたいして、私は、当該のメンバーの諸活動上の誤謬を黒田が十全につかみとってくれていない、と思い、いろいろを説明したのであったが、そういう問題ではなかったのだ、といわなければならない。黒田にとっては先のように言うことはもっと深い意味があったのだ、と思われるのである。黒田は、労働者メンバーが労働運動の場面において自己を鍛えることは政治技術の体得にすぎず、彼の変革は、学習をつうじて一切のブルジョア的汚物を一掃し共産主義的人間になることにある、と考えていたのだ、と思われるからである。私自身が黒田を何らつかみとりえていなかったのだ、と私はいま感じるのである。

いまにして思えば、対立したことがらをめぐっては、黒田は、同志たちと徹底的に内部思想闘争を展開する、というようにやっていない、自分の意をくめ、という姿勢であった、と私は考えるのである。

黒田は、自分の意をくむべきだ、という意識のもとに、自分の意向を、政治組織局員たちや中心的な常任メンバーたちに——言表したりほのめかしたりするかたちで——表明した。後者のメンバーたちは、なしうるかぎりでは黒田の意をくむように努力し、その限界に達すると、黒田の意向を「極端だ。政治的なことがわかっていない」と感じ、自分が感じたものを黒田には言わないで、黒田の言った指針をうすめて実践した。黒田は、そのことを別のメンバーから聞いたり感じとったりして、相手の常任メンバーを「面従腹背だ」と弾劾し、その任務から解き、教育的措置に処した。——わが組織の指導部建設は、こういう構造だったのではないか。

黒田は、自分に反発した政治組織局員たちを「メタンガスにも似た……」と弾劾したけれども、黒田自身をふくむ・この両者の関係それ自体が、すなわち政治組織局それ自体が、メタンガスの吹きだすようなものとなっていたのだ、といわなければならない。

根本問題は、徹底した内部思想闘争の欠如にある。こう私は考えるのである。

二〇二三年一〇月一四日

〔11〕頭ごなし

私や私以外の常任メンバーが黒田からの電話をうけるばあいに、こちらからの報告や黒田からの何らかの連絡というのではなく、黒田から批判されるというときには、電話をとったとたんに、いきなり怒鳴られるか、あるいは、いきなり静かに批判されるかした。いずれにせよ、いきなり・頭ごなしに、ということは同じであり、これが普遍的であった。

私は私の末期までは怒鳴られたことはなかったのであったが、当初の時点で、常任メンバーたちが怒鳴られてビビりあがっているのを見て、私は黒田に、「みんな、怒鳴られて萎縮し、頭が動かなくなっています。怒鳴るのをやめてもらえませんか」と要請した。この要請は、「昔からずっとこのスタイルでやっているんだ」、と――おだやかな声ではあったが――黒田にはねかえされてしまった。私は、昔からずっとこのスタイルなのだろうと思って、「やめてほしい」と要請したのであったが。

会議などで面々相対して論議するときに、黒田から言いたいことがある課題にかんしては、彼が最初に基本的なことがらをしゃべった。そのうえで論議に入った。

電話や会議などでの論議の両者ともに、黒田は、「誰それから、こういう事態があった、と聞いた。この事態の現実はどうだったんだ？　あんた（がた）はその現実をどう認識しているんだ？」と質問したことはなかったのである。私は、このような質問を黒田からうけたことはなかった。

電話では、こういう誤謬だ、ということから言われるので、私は、何（どういう現実）について言われているのかをつかむのが大変だった。私は、「ハイ、ハイ」と答えながら、黒田がしゃべっていることから、これはどういう現実をさして言われていることなのかと必死でつかもうと頭をまわすのが精一杯であった。

面々相対しての論議でも、黒田が全部しゃべったうえでその全体についての論議になるので、私は、それがどういう現実を問題にしているのかをつかむのが大変であった。私は、「アレ」とか「ウーン」とかと感じたところについて、この現実はどうだったのか、とその会議に出席している常任メンバーにその場で聞いたのであったが、これは部分的なものにとどまった。自分が批判されているときには、黒田の批判へのうけとめを言わなければならず、黒田が現実について誰から聞いてどう認識しているのかを質問するどころの話ではなかった。

いずれにしても、黒田が最初に線を引いたうえでの論議になったのであり、私はどうしてもこの土俵をこわすことはできなかったのである。他の常任メンバーには、この土俵をこわそうとしたメンバーはいなかった。この土俵をこわそうと思いつつも、論議の流れと雰囲気に規定されてできなかった、というメンバーはいたかもしれないが、それはわからない。

黒田は、ある常任メンバーの組織活動の現実について、その現実を見聞きした他の常任メンバーから、これは問題だという報告をうけ、それをとおして自分の頭につくった認識内容にもとづいて、当該の常任メンバーを批判したのである。批判するときに、当該の常任メンバーから、その組織活動の現実はどうだったのかということを聞かなかったのである。同じ現実であったとしても、他のメンバーと当該のメンバーとでは、その認識のしかた・および・認識した内容は異なるにもかかわらず、黒田はこのことを無視して、他のメンバーから聞いたところの彼の認識内容、これを基礎にして自分がつくりだした自分の認識内容を、あらかじめ正しいものとしたのである。

黒田は、つねひごろから、このようにしてはならない、と強調していたのであったが、自分ではこうしたのである。

これは問答無用の批判である。このような批判を黒田からうけたのでは、批判をうけた当該のメンバーはたまったものではない。しかし、これが、黒田の普遍的な論議スタイルだったのである。

黒田は、自分が批判している相手にしゃべらせないようにしたのである。私はどうしてもこのように感じるのである。

黒田がこのような論議のしかたをしたのはなぜなのか。

二〇二三年一〇月一五日

〔12〕 内部思想闘争を推進する強さがないのではないか

黒田寛一には内部思想闘争を相手の同志と対等なかたちで推進する強さがなかったのではないだろうか。

会議であれ電話であれ、自分が問題だと思っている同志にたいして、「誰それから、あんたがこういう組織指導をやったと聞いたのだけれども、その現実はどうだったんだ?」、と聞けば、自分がすでに他のメンバーから聞いて把握していたのとは異なった、当該の組織指導の現実にかんするその同志の認識の内容や、また、当然にもいまだ聞いてはいなかった、そのときのその同志の問題意識および目的意識といったものが語られるわけである。そうすると、自分がすでにつくっていたその同志にかんする認識内容および批判内容をこわして、他の同志から聞いたところのもの・および・今その同志が語ったところのものを基礎にし出発点にして、その同志と対話しながら、彼の組織指導の現実そのものを下向的に分析していかなければならないのである。これには、ものすごい緊張と意志力とねばり強さを必要とするのである。その同志は、いま、目の前か、電話の向こう側かにいるのである。「あんたは、いま、自分は相手にこう言ったと言ったけれども、誰それは、そのとき、あんたはこう言ったと言っているんだよね。あんたが自分はこう言ったというのは、論議の場面・脈絡が違うんじゃないか。そこはどうだろう?」というような論議をしなければならないのである。

私が体験し知るかぎり、黒田はこういう論議をやったことはない。

黒田は、こういう論議をやることを意識的あるいは無意識的に避けた、と私は感じるのである。他の同志から聞いたことを基礎にして自分の内部につくりあげた、当該の同志への批判の内容を、その同志に口頭でバンバンとぶつけるか、あるいは文書として書いてつきつけるかしたほうが、よっぽど楽なのである。相手は反論の余地がなくなってしまうからである。そのかわり、相手はつぶれてしまうことになるのである。

「革マル派」中央官僚派に残っているメンバーたちは、このようにして主体性を破壊された者たちばかりなのではないだろうか。
生ける屍となって。あるいは、屍そのものとなったうえで、生ける屍として復活して。
前原茂雄も、早川志朗も、鬼塚龍三も、片桐悠も、……　……

二〇二三年一〇月一五日

〔13〕革命路線をめぐって対等に内部思想闘争を展開すべきではないだろうか

われわれは、いま、「連合」傘下の労働組合の下部組織において、また労働組合のない職場において、新たなさまざまな闘いをくりひろげ、これを基礎として、階級闘争論という新たな理論領域を切り拓くための内部思想闘争を展開している。こういうことは、黒田寛一の指導のもとではできないことであった。これまでにない新たな実践的および理論的な追求をおこなう者は、「組織現実論からの逸脱」「組織現実論の否定」と断罪され、組織的処分と、人間的資質をかえるための教育的措置の対象とされたのだからである。
だが、組織現実論（大衆闘争論・運動=組織論・党組織建設論を主要な構成部分とするそれ）が、プロレタリアートの自己解放の理論の終着点ではない。われわれは、ソ連の崩壊とプロレタリア階級闘争の壊滅という新たな階級情勢のもとで、この現実を変革するための新たな実践的とりくみを物質的基礎として、われわれのこの実践の理論化を、これまでのあらゆるマルクス主義の理論・反スターリン主義の理論を現実的に適用し発展させるかたちにおいておこなうべきなのである。

このような実践的および理論的の追求を黒田寛一は、自分が創造した「組織現実論」を物差しにして封じたのだ、といわなければならない。

このことは、革命理論、なかんずく組織論の新たな発展をかちとるための内部思想闘争を同志たちが対等なかたちで推進することを黒田が避けたことにもとづく、といわなければならない。同志が革命理論上の新たなことがらを提起したのであるかぎり、それが誤謬であると感じるならば、それを徹底的に批判すればいい、と私は思うのである。「組織現実論の否定である」とあらかじめ切っておとしたり、相手を組織的処分に処したりするのではなく、その内容を論理的・内容的に批判するというかたちで対等な内部思想闘争を展開すべきである、と私は考えるのである。

このばあいには、革命理論上の新たなことがらを提起した組織成員は、黒田やその他のメンバーからいくら厳しい批判をうけたとしても、それに真正面から立ち向かう強靭さを必要とする。

そうするならば、黒田からすれば間違った理論を大真面目で真剣に展開し、黒田の批判に反批判をくりかえしてくる組織成員がでてくるかもしれない。山代冬樹などは、そういう組織成員になったかもしれない。それでもいいではないか、と私は思うのである。当面する実践の指針にかんしては、政治組織局や各級の委員会および細胞において多数決で決定し、この指針にのっとって全組織および組織成員が実践したうえで、残された理論上の対立や食い違いについては内部論議を継続する、というようにすべきだ、と私は考えるのである。

このばあいには、組織成員は、内部思想闘争において政治主義的立ち回りをおこなわない、ということが基礎となる。このことを実現するために、組織成員は、相互に、自己を、自己反省できる組織成員、自己を否定することのできる組織成員、すなわち自己を変革することのできる組織成員として創造し鍛えあげていなければならず、そして不断に鍛えあげていかなければならない。

二〇二三年一〇月一七日

〈14〉同志にたいして真正面から相対していたのだろうか

黒田寛一は同志にたいしてどのように相対していたのであろうか。

こういうことがあった。

私が中央に移行したとき、眼前にしたのは次のことであった。世界的あるいは国内的事件が勃発したり他党派の論文がでたりするたびごとに黒田から「それについて全員原稿を書け」と言われたことにたいして、労働者組織担当常任メンバーたちは、――黒田から特別に教えてもらった課題の原稿を書いている者以外は、――次々と目を移らせて結局何もやらない、となっていた。このことは、黒田から「全員書け」と言われる、そして「原稿がでてこないぞ」と怒られる、ということに規定されている、と私は感じた。

私はこの現状に危機意識をもち、提起された課題をみんなで確認したうえで、原稿として対象化するのは誰それがこの課題をやろう、というように論議する、とともに、黒田に、こういう現状になっているということを報告し、「原稿の課題をどしどし言ってもらうのは――それは組織的課題なので――いいのだけれども、全員が全課題をやるのは無理なので「全員書け」というのはやめてもらえませんか。この課題は誰というように決めてやっていきたいんです」、と要望した。黒田から返答となるような言葉をもらえないままに、私は同じことを何度か要請した。

そうこうしているうちに黒田と面々相対して論議したとき、彼が「申し訳なかった」と突然きりだしたので、私はびっくりした。「過重な原稿の課題を出して悪かった」、ということであった。

しかし、彼はしゃべっていくうちに次のようにもっていった。「あんたは、ひとつの号を計画したらそれをつくったうえでその次というように一号ずつきちっきちっとやっていくだろ〔これはどうも、マル学同関西地方委員会機関誌『ロドストウ』をさしているようだった〕。イスト〔『共産主義者』〕はそうはいかないんだ。二~三号先まで原稿を準備しておかないとダメなんだよ。それでどんどん課題を言っているだよ。そういうことなんだよ」、と。

私は、「それはわかっているんです。私は「全員やれ」というのをやめてほしい、ということを言っているだけなんです」、というようにもう一度説明したが、ダメだった。

帰り道、同席した常任メンバーに私が「困ったなあ。黒田さんは別の話にもっていくんだよなあ」、と言うと、彼は「もうやめろ。黒田さんが謝罪するなんて、めったにないことなんだから、これでいいとしないとダメなんだよ」、と言った。中央での論議はこういうもののようであった。

黒田が言ったのは、結局、「あんたが四角四面なのが悪い。融通が利かない」、ということであった。もしもこういうことを言うのであるならば、「申し訳ない」と謝罪すべきではないのである。そのように私を批判すべきなのである。そうすれば、「そういう話ではない」と私は反論し、真っ向からの対立になったのである。黒田はこういう対立を回避したのだ、と私はどうしても感じるのである。

「全員やれ」というかたちで原稿の課題をセンターに入れるという黒田の実践のしかたはまったく変わらなかった。

今日的に考えるならば、黒田は、職業革命家たるものは、その一人ひとりが、諸事件・諸論文などのあらゆる問題に対決し論文を書かなければならない、という理念像にもとづいて「全員書け」と言っていたと思われるのである。彼は、自分がそのように言うことによって常任メンバーたちはどういう意識におちいるのか、ということは考慮しないのだ、と思われる。そのことについてもまた、職業革命家たるものは、「全員書け」と言われたことを主体的にうけとめてしかるべきだ、という理念像から彼は考えていたのだ、と思われるのである。しかも黒田は、そのような自分の思いは、同志に明らかにして論議する対象ではない、と考えていたのだ、と思われるのである。当時は、黒田がどういうように考えているのか、どういう意識につきうごかされているのか、というように彼にくいこむかたちで自分自身の頭をまわすことができていなかった、と私は痛感する。

自分の実践のしかたを変えるように組織成員から要請されたことにたいして黒田はどのように対応したのか、ということを明らかにするために、以上のことを私は書いた。

二〇二三年一〇月一八日

〔15〕 あまりに日本人的。そしてあまりに家父長的。

これまでいろいろと検討してきたことを基礎にして考えるならば、黒田寛一は、同志にたいして、自分の意を察してそれを実現するように実践せよ、というように相対してきた、とつかみとることができるのである。この相対しかたは、きわめて日本人的である。しかも戦前に見られたような家父長的なものである。

自分が同志たちにやってほしいと思っている心のうちはそのものとしては言わないで他のもっと言表しやすいものとしてあらわし、自分がほんとうに思っているものを察せよ、ということなのである。だが、これは、前衛党組織における内部思想闘争、組織成員のあいだでの対等な思想闘争とはいえない。

ここで、次のことが問題となる。

黒田が中心的な常任メンバーを組織的に処分し教育的措置に処したときの彼の言動や内部文書の展開から推察するならば、彼は、当該の常任メンバーが、あらぬことを考え、自分に背く、というようにそのメンバーを疑っていたのだ、と分析することができる。「面従腹背」とか「鬼の居ぬ間に」とかという表現に端的にみられるものが、それである。「鬼の居ぬ間に」動いたメンバーたちの傾向を早急に打破しなければならない、全国のどこかで「賃プロ魂注入主義者フラク」といったものができると大変だ、というようにまで黒田は心配していたのである。

だが、私が見れば、うみだされていた組織的事態はもっと単純なことである。黒田が「面従腹背」と言うところのものは、黒田から無理な指針が提起されるので当該の常任メンバーが、黒田から言われたことをうすめて実践していた、というだけのことである。このことについては、そのメンバーがやっていたことを、自分が何をどう指示したのかということとの関係で捉えかえすならば、黒田は、たやすくつかみとることができるのである。

黒田が「鬼の居ぬ間に」と言うところのものは、土井と足利隆志が黒田に言われたことを忠実にやっていただけのことである。「鬼の居ぬ間に」彼らがあらぬことをやった、と黒田が思うのは、自分が彼らに「このようにやれ」と言ったことを忘れ去っていることにもとづくのである。

一九八五年の私にかんして言えば、私は黒田と意志疎通をはかるためにあがいていただけのことである。このことは、黒田が、自分は私の要請や質問にどのように答えていたのか、ということをふりかえるならば、すぐにわかることなのである。二〇〇四年の私にかんしては、私は労働者同志たちとその職場での闘いを切り拓くためにどう創意的に考え工夫するのかを論議していただけのことである。組織現実論を革命理論・組織論の終着点と見なさないで、この闘いをめぐって論議すればよかったのである。

すべて、黒田が疑念を抱くようなものではないのである。これらについては、うみだされたものや対立したことがらをめぐって徹底的に思想闘争を展開することによって解決することができるのである。

黒田が相手に疑念を抱いたのは、相手の常任メンバーに、相手が自分の意を察するのがあたりまえである、というように相対していたからである、と私は考える。すなわち、黒田が相手にこのような相対しかたをしていたことにもとづいて、相手が自分の意を察しえなかったときには、相手が自分に背くという邪悪な意図をもっている、というように見えてしまった、ということなのである。黒田が中心的な常任メンバーとの関係がうまくいかなくなったときに、そのメンバーを組織的に処分し教育的措置に処したのは、こういうことにもとづく、と私は考える。

足利隆志と土井にかんしても、黒田が、彼らはおかしい、と感じたのは、足利がもろもろの闘いの報告をすぐに自分につたえてこない、報・連・相が悪い、という不信を抱いたことを出発点とする。この時点では、黒田は彼らによる労働者組織の指導がくるっている、とはまったく思っていなかった。私が彼らの組織指導はおかしいと言った、ということを聞いて、黒田は、彼らは——実は黒田から言われたことを忠実にやっていただけなのに——自分の知らないところで自分に背くことをやっていたのか、という像をつくったのである。

中心的な常任メンバーたちの組織的処分をふりかえるならば、それは、これらのメンバーたちが黒田の意を察して動くことができなくなった限界状況においてであった、といわなければならない。この限界状況と組織的処分がもたらされたのは、中心的な常任メンバーとして黒田が選んだこの相手への彼黒田の独自の相対しかたに根ざしている、と私は考えるのである。

二〇二三年一〇月一八日

〔16〕 失意のうちに

先に見たように、黒田寛一は、われわれが既成の労働運動・大衆闘争をのりこえていくという大衆闘争論的立場にたつこと、また、われわれが・腐敗した党派を直接的に革命的に解体するという党派闘争論的立場にたつこと、さらに、ソビエトたるわれわれが・現存する国家権力を打倒するという革命闘争論的立場にたつこと、こういったことを解明した。われわれが立脚すべきものとして明らかにされた立場は、すべて、われわれがわれわれの外に在るものを変革するという立場である。われわれはわれわれが創造し推進しているプロレタリア階級闘争を変革するという立場にたつのだ、ということを、彼は解明しなかった。

これはなぜなのか。私は、このことを考えてきた。私が痛切に感じたのは、日本のプロレタリア階級闘争についても、反スターリン主義組織についても、まさに自分がそれをつくってきたのだ、という実感を黒田はもっていなかったのだ、ということであった。

その出発点をふりかえるならば、動力車労組の闘いをつくりだしてきたのも、ケルンと呼ばれた労働者組織を創造してきたのも、松崎明であった。黒田は、彼と労働者組織の横に居てサポートする存在として自己を意識していたのであった。これは、最後までそうであった。

黒田が全力を傾注してきたのは、労働者階級の外にある革命的指導部の建設と、その核心をなすところの・自己を継承する一人の革命的マルクス主義者を創造することであった。これは、ことごとく失敗に帰した。その候補として自分が選び育てようとしたメンバーを次から次へと「つぶしてきた」というのが、黒田の述懐であり、この述懐は彼の実感そのものであるといえた。

黒田は、失意のうちに、『実践と場所』を歴史に残すことを意志し、そして残したのだ、といわなければならない。自分はこの組織を残したのだ、という彼の言葉は、自己の内面のこの空洞をおおい隠すものとなった。

黒田の理論的解明は、彼のこの実存そのものに規定されているのだ、と私は感じるのである。

二〇二三年一〇月二〇日

二　内部思想闘争をいかにおこなうべきなのか

〔1〕内部思想闘争を内部思想闘争として成り立たせるのは大変

私は、わが同志の立場にわが身をうつしいれて考える。

自分は、「革マル派」中央官僚派にたいして、「こんなことさえやっていない。プロレタリア党であれば、こうするじゃないか。労働組合であってもこうするじゃないか。こんなことさえやっていないとは、これはいったい何なんだ。中央官僚派は何と腐敗していることか」、と分析し、このように書いたとする。これにたいして、他の同志から、「彼らがこんなことさえやっていない、というのは当たり前のことじゃないか。あるべきプロレタリア党を基準として見ている。彼らを、まだ、まともな組織だと思っていたのか」、と批判されたとする。これにたいして、自分は、「誤解されている。自分は、彼らが腐敗している、ということをあばきだしたんだ。自分が言いたかったことはこういうことだ」、として、ほぼ同じ内容をくりかえす、というかたちで反論した、とする。

この論議にかんして、さらに別の同志たちから、「まったく、かみ合っていない」、と批判された。この論議は、いったい、どこに問題があるのか。

相手の同志が、自分が何と書いたことを基礎にして・自分をどのように分析し・自分をどのように批判したのか、というように相手の同志を分析し、この同志にどのように答えるのか、というように自分の頭をまわしていないことが問題である、と私は考える。

相手の同志が書いた文面を見て、自分はそんなことを考えているんじゃない、中央官僚派はもっと腐敗していると思っているんだ、誤解されている、自分はこういうように彼らを分析しているんだ、というように、ダダッと頭をまわしているのである。

そのように頭をまわす前に、相手の同志は自分の何を批判したのだろう？　というように考えて、自分の書いたものを見る必要がある。見れば、そこには、「プロレタリア党であれば、こうするじゃないか」、と書いてあるわけである。ここで、――これが大変なんだけれども、――「ウッ」とならなければならない。そして、「これじゃ、あるべきプロレタリア党を基準として分析していることになるなあ。彼は、これを批判していたのか」、と気づかなければならない。

どうしようもなく腐敗したものを分析するのは難しいのである。「こんなことさえやっていない」と分析することとそれ自体が、彼らを美化することになるのである。こんなことをやるのかやらないのか、というところに線を引いて彼らを分析することになるからである。彼らは、そんなどころではなく、もっともっと腐敗しているからである。彼らはどうなっているのか、ということをリアルに分析しなければならない。これが難しいのである。われわれがこれまでもっていた道具立てでは分析しえないからである。

相手の同志が「彼らを、まだ、まともな組織だと思っていたのか」と批判したのもまた、相手を分析しえていないものだ、といわなければならない。その前段の「あるべきプロレタリア党を基準として見る」ということと、「彼らを、まだ、まともな組織だと思っていた」ということとは異なる。彼らを「腐敗している」と思っていたとしても、その彼らをどのように分析するのかというときに、あるべきプロレタリア党を基準として分析する、ということがでてくるのである。このようなかたちで分析すると、彼らを、あたかもあるべきプロレタリア党であるのか否かを問う対象であるかのように美化して分析することになってしまうのである。こういうことが問題なのである。あるべきプロレタリア党を基準として見たからといって、それは、彼らを、まだ、まともな組織だと思っていたことを意味しないのである。

相手の同志は、中央官僚派を「官僚は、ガタガタに崩壊した組織をかためるために、9・24政治集会をやるのだ」、と分析した。私からすれば、これもまた、彼らを美化する分析なのである。「組織をかためるために」というのは、われわれがこれまでもっていた道具立てをもってする分析なのだからである。

中央官僚が組織をかためる内容を持っていたばあいにはじめて「組織をかためるために」といえるのである。彼らは、そんな内容をまったく持っていないのである。そんな内容をつくりだすことができないのである。彼らは、自己保身と自己保存の意識に駆られているだけなのである。

中央官僚は何をやるのか。組織が崩壊しているということを、自分たちとすべての組織成員の目からおい隠すことである。

どうやってそれをやるのか。それは、「黒田さんはすばらしい」「黒田さんはすばらしい」という祝詞(のりと)をみんなで何度も何度も唱えることである。この言葉には黒田さんの霊が宿っているからであり、この言葉を唱えることによって自分が黒田さんと合一したような気分になれるからである。あたかも自分がいま、一九五六年の黒田さんの命がけの飛躍をやっているかのように思いこむことができるからである。

こういうことをリアルに分析しなければならない、と私は考えるのである。

私のこの文章の後半は、分析内容の問題に入ったのであるが、内部思想闘争のしかたそれ自体の問題をさらにほりさげて考察しなければならない。

二〇二三年一〇月二二日

〔2〕〝はっぱをかけられた〟

私は、同志の職場での闘いの報告を聞いて、その前の論議で私や他の同志たちが言ったことを、その同志は、「もっとゴリゴリやれ」とはっぱをかけられた、とうけとったのではないか、と感じたことがある。というのは、彼がおこなった実践は、彼がすでにもっているところの道具立ての一つを全面的に押しだし貫徹したものだったからである。そのようなものとしてきわめて一面的なものだ、と私は判断したのである。そして、それは、その前の論議の彼のうけとめにもとづく、といえた。

彼は、同志たちのそれぞれは、自分の何を・すなわち自分が解明した自分の実践の指針のどの展開を・どのように批判したのか、というように、同志そのものを分析する、としていない、と思われるのである。彼は、そのようにするのではなく、同志たちは、こっちではなく、もう一つのこっちのほうを適用せよ、と言っているのだな、とうけとったのだ、と思われる。彼がこうしたときには、彼は、自分がすでにもっている道具立てをそのまま前提とし基礎としているのであり、その道具立てのなかのこっちではなく、もう一つのこっちのほうを適用せよ、と言っているのだな、とうけとった、といえるのである。こうすると、彼がもっている道具立ては変わらないことになる。彼は、自分がなおもっていない・新たなものを獲得することはできない、ということになってしまうのである。

彼は、「そういうことならやったことがあるので、それならできる」とよく言うのであるが、こういうように考えてしまえば、自分にないものを獲得することはできないのである。

われわれは、自分に指摘したり自分を批判したりした同志たち、この同志たちそれぞれは自分の何をどのように批判したのか、というように、その同志たちそれぞれそのものを分析しなければならない。われわれは、このように、自分に指摘したり自分を批判したりした同志そのものに対決することをとおして、その同志のうちに、自分がなおもっていないものをみいだし、それをつかみとり、それを自己のものとしていくのである。

二〇二三年一〇月二三日

〔3〕「これが武器になる」とパッと浮かんだ自分は新たな自分なのか

では、同志から指摘や批判をうけたときに、この指摘や批判をうけとめる武器となると自分の思う規定が書かかれてある本を読んで、その規定を自分の実践の総括や、自分の実践の指針の解明に適用するのはよいのであろうか。

これもまた、自分に指摘し批判した同志そのものに自分が対決していないものだ、といわなければならない。自分が考える武器となると思えるものをさがす前に、同志が・自分の何を・どのように批判したのか、というように相手の同志そのものを分析し、自分はそれをどう考えるのか、ということを明確にしなければならないのである。

「この規定が武器となる」と自分の頭にパッとひらめいたときには、この自分はまだこれまでの自分なのである。パッとひらめいたものを探し出して、その規定を適用したのでは、これらすべてのことを、これまでの自分のままで自分はやっているのである。

自分が、同志は・自分の何を・どのように批判したのか、というように同志そのものを分析することをとおして、この同志のうちに、自分にはないものをつかみとるのである。このものが自分にとっては新たなものなのであり、これをおのれのものとすることによって自分は飛躍するのである。

こうすることをぬきにして、同志の指摘や批判に触発されて自分のうちに浮かんだものを本のなかに探し・これを適用したのでは、これでは、自分自身は何ひとつ変わらないのである。

われわれは、生きた同志と対決し、生きた同志と触れ合わなければ、新たな自己を創造することはできないのである。たとえ、同志が書いたものを読むときにも、それを書いた・生きた同志と対決し触れ合うのである。書かれたものを答えとして読むのではないのである。

二〇二三年一〇月二四日

〔4〕自分が自分の意識のうちにとりこんだ相手の同志を現実の相手の同志そのものとしてしまうこと

先に見たところの、「はっぱをかけられた」と感じる同志や、「これが武器になる」とパッと浮かんだものを武器とする同志のばあいには、いうなれば、この同志には現実の相手の同志が存在しない、というように私には感じられる。彼には、自分の意識に反映した相手の同志・すなわち・自分の意識にとりこんだ相手の同志が相手の同志なのだ、と私には思えるのである。

われわれは、現実の相手の同志を捉えるためには、この現実の相手の同志を自分の感覚で感じなければならない。もう少し具体的に言うならば、現実には、われわれは、現実の相手の同志の表情を自分の目で見たり、彼の言うことを自分の耳で聞いたり、彼の書いたものを読んだり、さらには、彼について他の同志から聞いたりして、自分の意識のうちに彼の像・すなわち・彼についての自分の認識内容をつくるわけである。この像は、自分が現実の相手の同志を反映して創造したものであるとはいえ、きわめて限定されたものである。相手の同志は、自分のいないところでは他のメンバーにはどういう顔をしているのかわからないし、何と言っているのかわからないし、さらにもっと別の同志は彼をどう思っているのかわからないのである。このように空間的に別の場面というだけではなく、時間的にも、時々刻々変化する事態の進展に彼は場所的に反応するのである。

　われわれは現実の相手の同志を捉えるためには、自分がいま自分の意識のうちにつくった彼の像をこわさなければならない。こわすためには、われわれは、自分がいま自分の意識のうちにつくった彼の像を同時に疑わなければならない。同時に疑うためには、われわれは、この瞬間に、現実の相手の同志を自分が感じる自分の全感覚と全認識能力をとぎすまさなければならない。

　ところが、いま私が論じている同志のばあいには、彼が現実の相手の同志を一回反映すると、このようにして自分の意識のうちに自分がつくった相手の同志の像を現実の相手の同志そのものとしてしまうのである。相手の同志から「はっぱをかけられた」と感じて、ただただゴリゴリやる、となってしまうのは、自分にはっぱをかけたのだ、と自分が思った相手の同志が、現実の相手の同志そのものとなっているからなのである。また、「これが武器になる」と感じて、本の叙述のうちに見いだした規定を武器にして、自分の実践の総括と自分の実践の指針の解明をバーとやるのは、相手の同志が自分に「この規定を適用せよ」と言ったのだ、と思いこんだ・自分の意識のなかの相手の同志を現実の相手の同志そのものだ、と自分が感覚しているからなのである。

　これらのばあいには、自分にはっぱをかけた相手の同志とか、「この規定を適用せよ」と言った相手の同志とかという・相手の同志の像を自分は基礎にしているのであり、この相手の同志の像は一歩も動かないのであって、自分は、このような像を自分のうちにつくった自分を肯定し維持したままなのである。これでは自分は自分をたかめることはできないのである。エッ、自分は、相手の同志がこう言っていると思っていたけれどもそうじゃないの、それは、彼が自分をこう捉えたからなの、そしてそれは、彼自身のこういう実践の体験にもとづくからなの、そういうことなの、――こう感じてこそ、自分は新たなものを獲得することができるのであり、自分を変え高めることができるのである。さらに、自分はこう自分をひっくりかえしたけれども、これでも一面的なの、……というかたちで、自分を否定し高めていかなければならないのである。

二〇二三年一〇月二七日

〔5〕 自己の実践や見解を否定すること

自分が組織的なかたちで遂行した実践であれ、そしてこの実践についての自分の報告や総括であれ、また何らかのことがらについての自分の分析や解明や見解であれ、これが他の同志から「それは間違いではないか。こう考えるべきではないか」と批判されたときに、「そうか。その批判を考えると、私のこれは間違いであった。これについては、こう考えるべきであると、私はいま思う」、というように、自己を否定し・自分が新たに獲得したものを明らかにすることが、われわれがわれわれの内部思想闘争を内部思想闘争として実現し、自己を省みて自己を変革していく、もっとも基本的なものをなす、と私は考える。

組織討議において、あるいは文書のやりとりというかたちでの相互批判において、同志がなかなか自分を捉えかえし・ひっくりかえすことができない、という事態にこの私が直面したときに、この同志は、相手の同志に反発・ないし・自尊心といった非合理的なものを抱いているのではないか、と分析するのはただしくない。あるいはまた、この同志は、自分が相手の同志とのあいだでどのように批判をやりとりしたのかということの対象的把握・整理がそもそもできていない、というように分析するのもただしくない。討論の対象的把握ができていないのはそうなのであるが、このことが、いま生起した問題の根拠をなすのではないからである。また、当該の同志のうちには非合理的なものがわきあがっているのはそうなのであるが、彼は、この非合理的なものにわざわいされて自分を捉えかえせなくなっているのではないからである。

わが同志は、他の同志からの批判に対決して・あるいは自分がうみだしたものを見ることをとおして・自己を否定し新たなものを獲得する、ということができない、ということそのものが問題なのである。こういうことをやったことがない、こういうことをやる訓練ができていない、ということが問題なのである。かつて革マル派の組織成員であった時代に、組織討議や学習をとおしてこれに似たことをやってきた。しかし、身につけたものは、似たものではあっても、自己を否定し変革することができるということそのものではない、ということが問題なのである。われわれは過去を背負っているのである。

われわれがわが組織の建設において直面したのは、そして直面しているのは、これなのである。

二〇二三年一〇月二九日

〔6〕 論議の対象的把握がうまくいっていないことに問題があるのだろうか

「われわれのメンバーのあいだでの内部思想闘争が成立していない」というように問題を提起した同志は、このことについて次のようにその問題性をつきだした。

「二人の同志のあいだでの文書のやりとりが言い合いのようになったのは、相手の分析・把握がうまくできていないからだと私は思うのだが、それはおのれ自身のことを分析・把握できていない、つまり自分が何を考えて何を言ったのかというおのれの実践をふりかえり分析し把握することができていないからだ、と私は考える。おのれの実践をふくむ現実そのものの確定ができていない、つまり主体と客体のあいだでくりひろげてきたおのれのどのような実践によってつくりだされた現実なのか、ということをこのおのれが具体的に再生産することがうまくできていないのではないか、と感じる。」

この展開について、私は次のように言った。

「ここで、二人のやりとりの問題をほりさげているのだけれども、「主体と客体のあいだでくりひろげてきたおのれの実践」というように言うと、われわれの実践そのものの主体的解明ではなく、実践の対象的＝存在論的把握になってしまうのだが、……」と。

そうすると彼は次のように答えた。

「それはわかっているんですが、こう書いたほうが自分のイメージしていることが言い表せる、という気がしてこう書いたんです。僕が組合役員として同僚の組合役員に、彼が組合員とどのように話ししたのかを報告してもらうと、すぐに「あいつはダメだ」と相手のせいにしてしまう。相手を自分の論議の所産として見ることができない。そこで、論議のやりとりを再生産してもらうのだが、いま思っていることをその時に言ったと再生産するとか、メチャクチャになってしまう。それを一つひとつ整理しなければならない。これと同じように、われわれのなかでも論議の再生産ができていない、と思ったんですよ。」と。

「ああ、そういうことなの」と私は言って論議したのだが、そのときに論議したことをふくめて現在的に思うことを書く。

うーん。やった論議の再生産というのは、やった論議の対象的把握なのであり、二人の同志がともに、自分たちのやった論議を対象的に把握し整理することができていない、というのはそうなのだが、この二人の同志に、自分が手伝うから論議の再生産をやりなさい、と言っても、問題は解決しないのである。やはり、われわれは、この二人のうちの一人の同志の立場にわが身をうつしいれて、おのれのみぞおちから相手の同志にむかって赤い矢印をだす、というかたちでアプローチしないことには、この同志の論議のしかたの問題性をえぐりだすことはできないのである。

論議したそれぞれの同志は、相手の同志を分析しないし、分析できない、ということが問題なのである。わが同志は、相手の同志が書いてきて自分が頭にきたことにかんして、彼は自分にこんな批判をやってきた、これは彼が自分の書いたどの展開をとりあげ、それをどのように分析し、それがどのようにおかしい、と言っているのか、というように、相手の同志を分析することができないのである。

このことは、自分が、相手の同志の自分への批判を見ることをとおして・おのれを否定する、ということができないことそのものにもとづくのである。相手の同志の自分への批判ないし反論を見て「自分のこの展開は間違いであった」と自分が思うことができないことが問題なのである。

しかし、このように思うのはなかなか難しい。訓練が必要なのである。われわれの内部思想闘争そのものがこの相互訓練なのであり、自己訓練なのである。私はこう考えるのである。

二〇二三年一〇月三〇日

〔7〕 気づかされる前の自分を否定するのは大変

われわれは、直面した出来事に対決したり仲間から励ましや批判をうけてハッとしたりすることをとおして自己を変革し自己を鍛えあげていく。われわれは、自分が自覚し・これまでの自己を超えてきたこの過程をふりかえり語る。語られたものは、これを聞いた者たちに感動と感銘と共感をよびおこす。

だが、われわれは、自己脱皮したこのおのれを拠点として、脱皮する以前のおのれを否定するのはなかなか難しい。むずかしくとも、われわれはこの自己否定をおこなわなければならない。

たしかに、われわれは、いま、自分が新たな組織活動を展開し組織生活を送っているという意味においては、現実的に自己の断絶と飛躍をかちとっている、といえる。けれども、われわれは、この断絶と飛躍をかちとる以前のおのれのどこをどのように否定するのか、ということを文章として対象化するというようなかたちで自己自身に明確にしていないばあいには、この過去のおのれをその根底からひっくりかえした、とは言いえないのである。この現在の自己のうちに、この現在までの自己の全過程がそのままのかたちで畳みこまれてしまうことになるのだからである。

同志たちとの論議をとおして組織活動上の一つの工夫をおこなったばあいには、われわれは、工夫してなしとげた実践とこれによってつくりだしえたものの確認に立脚して、そういう工夫をなしえずに遂行していたおのれの組織活動にはらまれていた欠陥や弱さをえぐりださなければならない。

自分が書いた文章の理論的および論理的展開上の一面性や誤謬が同志からつきだされたばあいには、われわれは、それを訂正すると同時に、そのように書いたおのれ自身をふりかえり反省しなければならない。

われわれは、同志たちとの論議をつうじて自己を変革し自己脱皮をとげたこのおのれが、自己脱皮をとげる以前のおのれを否定するのである。この過去のおのれに孕まれていたものをえぐりだし否定するのである。

二〇二三年一一月四日

〔8〕同志たちから自分の何がどう批判されているのかわからない、ということ

内部思想闘争が内部思想闘争としてうまく成立しないのは、組織的に追求した自分の実践やその総括やまた自分の書いた文書・原稿が同志たちから批判されたときに、自分には、自分の何がどう批判されているのかがわからない、自分のどこがどうおかしいのかわからない、自分がおかしいとは思えない、すなわち自分はそういうことがつかめない、ということそのものにもとづく、と私には感じられる。

私としては、われわれは、わが同志たちのうちに、自分のどこがどうおかしい、と感じ考えるだけの、実践的・感性的・論理的・理論的の諸能力を――組織的実践および相互思想闘争の展開をとおして――つくりだしえていない、と感じるのである。

われわれは、わが組織の一員である自己および他の同志たちのうちにこのような諸能力をつくりだすために、うまずたゆまず一歩一歩ねばりづよく執拗に努力すべきである、と私は考えるのである。何か、自己の断絶と飛躍をかちとる術というようなものがあるわけではない。一つひとつ、自己を訓練し、自己の能力をたかめていかなければならない、と私は思うのである。

二〇二三年一一月九日

三　職場でたたかう主体として自己を鍛えあげるために

〔1〕 職場の労働者を純粋無垢な労働者と感覚して論議すること

いま多くの職場で、人員を大幅に削減し、現存する労働者たちに過酷な労働強度の強化を強いる、という攻撃がかけられている。

こういう職場のなかの労働組合のない職場の一つで、現場労働者と同じように労働しながら指揮をとっている現場管理者が、労働者仲間をおもんぱかるというこれまでの態度を変えて明確に会社側の立場にたち、ガミガミ言って、労働者たちをメチャクチャに働かせはじめた、としよう。

わが仲間は、これまではこの現場管理者に「会社に、人員を増やせ、と要求していこう」と論議してきたのであったが、彼は「会社は無理だと言っている」と言って耳をかさなくなった。わが仲間は、闘い方をかえなければならなくなった、といえる。

この現場管理者は、労働者一人ひとりに、これをやれ、あれをやれ、そっちじゃなくこっちを先にやれ、そんなやり方じゃ時間がかかる、こうやれ、などなどと喚き散らしはじめた。わが仲間はこれに対応しきれなくなった。

こういうときには、この現場管理者に「何か、今日は虫の居所が悪いですね。何かあったんですか」と言って、ニコッと笑いかける、というようなことが必要になるのだが、自分が生真面目であれば、なかなかこういう芸当はできない。そうすると、彼に指示されたことをやりながら、つまり手を止めないで、「私は機転が利かなくてうまくやれないいんですけどね、こういうのはどうやればいいんですか、教えてもらえますか」、と言って、ごく普通の会話にもちこみ、喚き散らす相手の気勢をそぐ、というようなことが必要になるのである。

すなわち、われわれは、相手が指揮をとる労働の現場そのものにおいて、この相手とたたかわなければならない、イデオロギー闘争を展開しなければならない、ということなのである。

もちろん、自分がそれなりに力をもつならば、——すなわち、自分が、それなりに仕事ができ、職場の労働者仲間たちから相談されるというような関係をつくりだし、管理者たちとも迫力をもって話することができる、というようになれば、——いろいろとイデオロギー闘争のしかたはある。

ようするに、勤務が終わった後や休み時間に、現場管理者や労働者仲間たちと、職場の現状を変えるためにどういうことを要求していくべきかというかたちで論議する、というイデオロギー闘争のしかたを、わが仲間は突破することが必要なのである。わが仲間は、労働の場面そのものにおいて、現場管理者が上級管理者の意を体して理不尽な労働を強要してくることをうちくだくためにイデオロギー闘争を展開しなければならないのである。

さらには、次のようなこともでてくる。

過酷な労働を強制されるという状況のもとで、職場の労働者の一人は、きつい仕事をわが仲間に押しつけ、そのメンバー自身はできるだけ相対的に体にこたえない仕事を選んでやる、という行動をとり、他の一人は、現場管理者の目を気にしてその意向にそうように動こうとする、という立ち振る舞いをした。これらの労働者たちを、わが仲間は、前者を、根性の悪い・こすっからい人間だ、と分析し、後者を、上司に取り入ろうとする人間だ、と捉え、彼らを毛嫌いする感情をもった。

このわが仲間には、労働者はこのようなものなのだ、という感覚がない、と私には感じられる。自分が接している労働者は、年を食っているのであれ若者であれ、これまでの過酷な労働と理不尽な人間関係のもとで、このなかを生きぬいていくためにさまざまな処世術を身につけ、しぶとさと自分の身の守り方を心得ているのだ、という感覚の働かせ方がわが仲間にはない、と私は思うのである。わが仲間は、職場の労働者たちにたいして、彼らを純粋無垢な即自的労働者であるかのように感覚し、彼らをマルクス主義の理論でもって思想的に変革するのだ、というように接している、と私には思えるのである。

だが、マルクス主義の理論を注入することによっては、彼らを変革することはできないのである。われわれが、上級の管理者たちや現場管理者に敢然と立ち向かい、彼ら労働者たちがこのわれわれに接して、「こんな人間がいるのか、こんな生き方があるのか、こんな人間になりたい」と感じないことには彼らを変革することはできないのである。われわれが、理不尽な指示をだす管理者の前に立ちはだかって彼ら労働者仲間をかばい、そうすることによって同時に、彼らの、自分だけが楽をするという行動や上司の目を気にするという立ち振る舞いを現実的にうちくだかないことには、われわれは彼らを変えることはできないのである。

職場の労働者を、こすっからい人間だ、とか、上にへつらう人間だ、とかと感じて、このような人間ではなくその人間性においてもっとまともな・思想的に変革すればいいだけの人間をさがしたとしても、そんな労働者はいないのである。人間性という抽象性において素直でありつづけられるほど、この資本制的労働とこの資本制社会の社会的諸関係は甘くはないのである。

自己でも、他者でも、人間変革は大変なのである。私はこう感じるのである。

二〇二三年一一月一〇日

〔2〕 現場管理者との自分の諸関係を変えること

自分の雇われている企業が残業代を支払わないブラック企業であって、われわれが何か意見を言うならば、現場管理者がその報復として、勤務時間内には終わらない大量の仕事を命令してくるとか、仕事の仕方を教えないでやらせたうえでやり方をとがめて叱責するというような・いじめとしてのいじめをやってくるとか、というのではないかぎりは、上級の管理者の意を体し・怒鳴りちらして労働強化を強いる現場管理者にたいして、われわれは、怒鳴られたその瞬間に、「そんなにガミガミ言わないほうがいいですよ。みんな萎縮して逆効果ですよ」、とたしなめることは可能なのであり、そうしなければならない。

現場管理者に「会社に、人を入れるように要求しましょう」とオルグする、ということでもなければ、そんなオルグは無理だとあきらめるということでもない。われわれは、自分が現場管理者ととりむすぶ諸関係を変えることが肝要なのである。われわれは現場管理者とのあいだで、彼がみんなに怒鳴り散らして命令するのをゆるさないという関係をつくりださなければならない、ということなのである。同じ「人を入れるように」ということを言うにしても、この場面で、「ガミガミ言う相手をどうも間違えていますよ。人を入れるように会社にガミガミ言わなきゃダメじゃないですか」、というように、相手の興奮をおしとどめ、あんたの言うとおりには動きませんよという姿勢をしめすために言わなければならないのである。

これは、労働の現場そのものにおける現場管理者とのイデオロギー闘争である。何をどういうように言うのかについては、この現場管理者の特性を分析するとともに、自分はどういうふうにならできるのかという・自己の分析と決断に立脚して、あみださなければならない。

二〇二三年一一月一二日

〔3〕　労働者を思想的に変革するということについて

われわれは、職場で、ともに働く労働者たちに階級的自覚をうながし彼らを階級的に変革するのだ、という目的意識をもって、労働強化の攻撃や低賃金であることをめぐって論議し、われわれ労働者は搾取されているのだというマルクス主義的な内容を下向的に提起していったとしても、これでは彼らを思想的に変革することはできない。いま述べたようなかたちで職場の労働者たちと論議しているわが同志のばあいには、彼は相手を、純粋無垢な労働者であるかのように感覚しているのである。

現実には、上級の管理者たちの意を体して現場管理者がものすごい労働強度の強化を強いてきている、という状況のもとでは、労働者は、どのようにして自分の身を守るのかというように感覚と頭を働かせて行動するのである。

その時々の労働組織全体としても、二〜三人で任務分担しながら動くときでさえも、誰かが指揮する。会社での地位が上の労働者、地位が同じであれば仕事がよりできる労働者、仕事の習熟が同じであれば会社に入ったのが少しでも先の労働者が、指揮をとり、他の労働者に指図するのである。このとき、いろんな仕事があり、いっぱい仕事しなければならないとすれば、指揮する者は、できるだけひとまとまりの・きつい仕事を習熟度の低い労働者にやらせて、自分は、次に何をやるかと考えなければならないようなこまごまとした・いくつもの仕事をやるのが便利である。後者を他の労働者にやらせるならば、「次これ」「次これ」というように次々に指示をださなければ手空き時間がうみだされかねず、自分が前者の仕事をやりながらそうするのは不可能だからである。こういうときに、感覚と判断の利く労働者は、自然と、体と神経を酷使する仕事を他の労働者にやらせ、自分はできるだけ体にひびくことが少ない労働を選ぶのである。——このようにして、資本によって統合された労働組織と資本の労働過程に資本の意志が貫徹されるのである。

したがって、われわれが労働者たちと「労働強化をはねのけるために、人を増やすことを会社に要求しよう」というように論議しているだけでは、それは空語なのである。われわれは、右のような状況をどのようにひっくりかえすのかということを考え実践しなければならない。そうでなければ、自分よりも先に職場に入った労働者を、人にきつい仕事を押しつけ自分は楽なほうの仕事をする、根性悪（こんじょわる）の・こすっからい人間だ、と見てしまうことになるのである。たしかにこの労働者は、人にきつい仕事を押しつける人間になっているのである。だがそれは、資本によって強制されたものなのである。これまでの資本制的労働によって彼はこのような人間にされたのである。彼は、資本のもとで生きていくためには、このように自分をつくる以外になかったのである。

彼の人間性というように見えるところのものはこのようなものなのであって、われわれは彼を変革するためには、彼と自分をふくむ職場の諸関係そのものをつくりかえなければならないのである。職場の諸関係そのものをつくりかえるというかたちで彼を変革することが、彼の思想的変革なのである。

われわれは、「私はこの仕事はうまくできるんでこっちをやらせてください」とか「これとこれをやればいいんでしょ、それなら私はそれをやりますわ」とか「この仕事に慣れたいんでこれをやらせてもらえますか」とかと言って、彼が指揮するのを修正し、自分が自分のやることを選ぶというかたちで自分が指揮することを増やしていかなければならない。そうしたうえで、さらに、「こんなにいそがしくすることないでしょ。この仕事はうしろにまわしましょうよ」とか「この仕事はやったかやらないかわからないから、いま誰も見てないことだし、やったことにしましょうよ。会社の言いなりになることないでしょ」とかと言って、資本の意志に抗して行動することを、いっしょにやらなければならない。この行動のイニシアティブを自分がとるのである。このようにいっしょに行動することをとおして、彼に、会社経営陣と上級管理者たちと現場管理者に反逆する精神と根性とずぶとさを培っていくことが必要なのである。

こういうことを基礎にして、こういう行動と精神を捉えかえすかたちにおいて、われわれは彼と「われわれ労働者は資本によって搾取されているのだ。これをその根底からくつがえそう」、というように論議していくのである。職場の諸関係の現実的なつくりかえを基礎としなければ、だから、彼の実践そのものを変えることを基礎としなければ、いまのような論議を実のあるものとして実現することはできないのであり、彼を思想的に変革することはできないのである。

二〇二三年一一月一三日

〔4〕労働者にそれからの決別をうながすべきブルジョア的汚物とは？

われわれは、自分の職場の労働者を変革しプロレタリア的主体として確立するためには、その労働者に、一切のブルジョア的汚物からの決別をうながさなければならない。

では、このブルジョア的汚物をどのようにとらえればよいのであろうか。

これを、資本制商品経済に編みこまれ汚染されていることにもとづいてうみだされているところの利己主義・自己中心主義・上にへつらう性向などというように捉えるだけでは、不十分であり、一面的である。資本の労働過程の担い手として、資本によって強制され・産業下士官の指揮のもとで働くことをとおして、労働者に刻印されるものこそが問題なのだからである。労働者は、非合理的に強化された諸労働を強制されながら生きていくためには、自分自身の生きぬきかたを編みださなければならないからである。

われわれは、職場の労働者たちの諸行動や諸傾向を、こういうことを念頭において分析しなければならない。

二〇二三年一一月一四日

〔5〕アクの強い労働者の強いアクに自分が感性的にまいってはならない

職場には灰汁(アク)の強い労働者がいる。その感性においてもその言葉遣いにおいてもその品性においても、さらに自己の仕事のしかたへのこだわりにおいても、アクの強い労働者である。

わが仲間は、その労働者の強烈なアクの表出に自分自身が感性的にまいってしまい、身を退けてしまうことがある。しかし、わが仲間がそういう行動をとってしまえば、その場で熱心に話していた労働者仲間たちは、自分の心にすきま風がスーと吹き抜けるのを感じてしまうのである。

われわれは、職場の労働者たちにたいして、どんな場面においても、あくまでも真正面から相対さなければならない。

あとで捉えかえすならば、その労働者が表出したのは、見た目はきたならしいアクでおおわれているとはいえ、他の労働者の・上に取り入ろうとする態度への否定感であった。その労働者は、そういう否定感を抱いただけであって、当該の他の労働者が上に取り入ろうとするまでに追いこまれていくその諸条件とその諸条件のもとでのその主体のあり方、その諸条件へのその主体のたちむかい方への食い込みがなかったのである。

アクの強いその労働者は、わが仲間が組織し展開する職場闘争に参加し触発されて、職場の労働者が管理者にへつらうような態度をとることに嫌悪感を抱くように変わってきていたのである。しかし、その嫌悪感は、その態度にたいしてというだけではなく、そういう態度をとるその人そのものにむけるというものとなっていたのである。袈裟が憎けりゃ坊主まで憎い、というようになっていたのだ、といえる。わが仲間は、その労働者にこのことへの自覚をうながし、自分が憎んでいる労働者の何が問題なのかをつかみ、その人に変革的にかかわっていくように、このアクの強い労働者自身を変革していかなければならない。

それと同時に、わが仲間は、このアクの強い労働者に憎まれている労働者に、自分の困難な諸条件のもとで上に取り入るというかたちで生きていくのではなく、労働者仲間でささえあい団結して職場での状況を切り拓いていくように促していかなければならない。

われわれは、この両方をおこなっていかなければならないのであり、これまでいっしょにたたかってきた職場の仲間たちに、こういうことをともにやっていこうと呼びかけ論議し、彼ら自身を変革していくことが必要なのである。

二〇二三年一一月一七日

〔6〕職場でたたかうわれわれの直接的目的と組織的目的

わが仲間は、職場での闘いの総括文において次のように書いた。

「私は職場の中心的な労働者と論議した。私の直接的目的は、人員削減に反対すること。組織的目的は、この攻撃は、経営者による合理化であり、搾取の強化だ、そういう階級的なものだ、という自覚をうながすこと。」

「直接的目的を実現できたか。これは実現できなかった。その労働者は、管理者にたいして断固たたかっていく、とおったたなかった。……

組織的目的についてはどうか。……」

ここでは、「私の直接的目的は、人員削減に反対すること」というように展開されているのであるが、この労働者との論議の結果についての自分の判断にかんしては、「直接的目的を実現できたか。これは実現できなかった。」というように書かれており、これは、相手の労働者を人員削減に断固反対するというようにオルグれたかどうかという問題になっているのである。

組織的目的ということにかんしても、「自覚をうながすこと」とされており、総体として、職場でたたかうわれわれの直接的目的と組織的目的ということが、相手の労働者にどういう自覚をうながすのかという、相手の労働者の自覚内容の問題にされているのである。すなわち、直接的目的とは、相手の労働者に、人員削減に反対するという自覚をうながすことであり、組織的目的とは、その労働者に、階級的自覚をうながすことである、というように、わが仲間は考えている、ということである。

この職場で生起しているのは、次のことである。労働者たちは「人員増」を要求してきたのであったが、会社側は、「補充しないまままさにやめるのである。もともと人員が足りないなかで、一人の労働者が定年でいままさにやめるのである。この通告に「もうダメだ」となってしまった中心的な労働者をわが仲間はおったてようとしたのだが、ダメだった、ということなのである。

こういう事情なのであるからして、「直接的目的を実現できたか。これは実現できなかった。」とはならないのである。ここで「実現できなかった」ということがさしているのは、この中心的な労働者はもはや「人員削減に反対する」とならなかった、ということである。これは、その労働者の自覚内容の問題である。職場に実存するわれわれは、あくまでも現場労働者の労働強化をゆるさない現実的な追求をやっていかなければならないのである。労働強化をゆるさないということを、われわれは、職場でたたかうわれわれの直接的目的とするのである。

われわれが・職場でたたかうわれわれの組織的目的とするのは、職場の労働者を階級的に変革することそのものである。したがって、この困難な局面において、職場の労働者を、労働強化をゆるさない現実的追求をわれわれとともにおこなう主体に変革することそれ自体が、われわれの組織的目的をなすのである。

二〇二三年一一月一九日

〔7〕　職場の労働者は見事に変わった！

根性悪（こんじょわる）と見えていた労働者である。

その労働者は、労働の物質的諸条件に規定されて仕事を遂行するのに困りはて嫌悪していることがあった。わが仲間は、その諸条件に働きかけてそれを規制し緩和してその労働者を助けた。そうするとその労働者のわが仲間にたいする態度がガラッと変わった。その労働者は一転して、わが仲間にていねいに対応し配慮するようになったのである。

その労働者はその人間性において根性悪であるのではなかったのである。その労働者は、過酷な労働が強制されることに促迫されてわが仲間にツンツンあたっていたのだ、といえた。そうであったのが、わが仲間の助けをえて、この過酷な労働の強制にこの人とともに立ち向かっていく、という意欲を芽生えさせたのだ、といえる。

わが仲間は、劇的に変わったその労働者を見て、自己の実践を確証する、とともに、過去の自己の誤りをつかみとったのである。

よかった！　よかった！

二〇二三年一一月二一日

〔8〕 生起している事態についてのアクの強い労働者の再生産はただしかった

今度は、アクの強い労働者がけっこう大きな顔をしている職場の話である。

わが仲間が職場の労働者たちにいろいろと聞いてみると、アクの強い労働者が一人の労働者を非難し悪態をついていることは、言葉は乱暴であったが、諸事態の再生産としてはただしかった。アクの強い労働者が、その労働者に憎しみをもっていることが問題であった。非難されている労働者は、もろもろの困難な諸条件については事実上解決されていて、この諸条件にわざわいされているのではなく、この人自身が仕事をするにあたって、忍耐力が弱く、他の労働者との関係をうまくつくれないことそのものが問題である、と思われた。いっしょに仕事をする労働者は、いろいろと迷惑をこうむっていた。しかし、その行動に困惑し、配慮して、その労働者にたいして、はれ物に触るように相対していた。

現場管理者も、自分に近づいてくるこの労働者について、いろんなことを知っており、これまた、はれ物に触るように相対しているのだ、と推測できた。

アクの強い労働者は、わが仲間とバンとぶつかったあと、非難した当該の労働者について自分が体験し・また・見た諸事実を、悪態をつくかたちではなく、ふつうにわが仲間に話してきた。雨降って地固まる、であった。

わが仲間は、非難された当該の労働者とも、現場管理者とも、話ししなければならないことが明らかになった。わが仲間は、この労働者が職場の労働者たちと関係をつくっていくことができるようにイニシアティブをとらなければならない。

わが仲間は、当該の労働者や現場管理者と話しすることを基礎にして、これまでいっしょにたたかってきた職場の労働者仲間たちに、この話の内容を提起し、はれ物に触るような対応をあらためてこの労働者にどのように相対していくのか、そして同時に、アクの強い労働者とはどのように話ししていくのか、ということについて論議し意志一致して、実践していかなければならない。

二〇二三年一一月二一日

〔9〕われわれは、自分の実践を変えることが先だ

私は同志たちと論議していて、われわれは、自分の実践を変えることが先だ、と感じる。われわれは、相互に、同志が自分の実践を変えるように、執拗にねばり強く論議していかなければならない、と私は思うのである。

他の同志がおこなった実践を教訓として明らかにしたものやそのようなものとしての理論的諸規定を自分がつかみとり、これを自分が実存している場に適用して自分の実践の指針を解明し、自分がこの指針に

のっとって実践する、というのは、なかなか難しい。たとえ自分がこのようにしようと意図しこころみたとしても、これまでの自分の実践のしかたをそのままにしたうえで、そのような自分の眼玉から見たかぎりでの・他の同志の実践の教訓や理論的諸規定を援用するにすぎず、これまでと実質上ほとんど変わらないかたちで実践する、ということが多い。

われわれは、他の同志からうけた提起を何としてもつかみとり、自分の実践を何としても変えるぞ、という決意のもとに、相手の労働者たちをみすえ、彼らに真正面から立ち向かって実践することが必要である、と私は考える。

われわれは、自分の実践を変える、と意志することが肝要である、と私は思うのである。

このようにして自分が遂行した実践をわれわれはふりかえり捉えかえして、そこから教訓をつかみとらなければならない。これまでの自分をうちやぶって実践することが先であり、そのようにしてなしとげた実践を総括して、われわれは理論的教訓を明らかにするのだ、と私は感じるのである。

これは、現実的には一歩一歩である。われわれは、何はともあれ、執拗にねばり強く内部思想闘争を展開していかなければならない、と私は考える。

二〇二三年一一月二五日

四　わが組織を創造するための苦闘

〔1〕会議の予定を入れるのが大変!!

何人もの仲間で会議をもとうとすると、みんなのいい日と時間帯を合わせるのが大変である。いくつもの会議を入れなければならない、となると、よりいっそう、そうである。

この問題を打開するためには、会議をやったときには必ず次の会議の日程を決める、というようにしなければならない。うまく合う日がないのでまたあとで決めよう、というようにやっても、決めるのに好都合な時がやってくるわけではない。

みんなが合う日がない、というときには、何人かずつで論議していく以外にない。みんながそろうのはずっと先になってしまう、というときには、みんながそろっての会議はその日というように決めたうえで、その前に、誰は来れないけれども他のメンバーでの論議というようなものをいくつか入れるのが良い。

また、今日はこのメンバーが来ていないので、次の会議は彼の都合を聞いてから決めよう、としないほうがいい。あとで彼の都合を聞いたときに、彼の都合のいい日が他のメンバーみんなの都合もいい、となることはめったにないからである。今日来ているメンバーは次にはこの日に集まる、と決めたうえで、来ていないメンバーの都合のいい日に論議をもつので来れる人は来てくれ、とするのがいい。

そして、次の会議までに、これとこれを読んできてくれ、これとこれについてどうすべきかを考えてきてくれ、これとこれについてどうやったのかという実践の報告をやってくれ、というように、組織的課題および各人の課題をはっきりさせることが必要である。各メンバーに、組織的課題を自分がどのように実現するのか、というように日々目的意識的に実践することをうながし、会議には、それにむけて準備してくる、という習慣をつける必要があるからである。

職場に党細胞を創造するためのグループとそのメンバーたちを強化していくために、いろいろ工夫してやっていこう！

二〇二三年八月二日

〔2〕　組織を創造するためには会議を定期的にもつことが出発点をなす

われわれは、どのようなレベルの組織であれ、われわれ独自の組織をつくりだし確立するためには、出発点において、この組織にふさわしい労働者たちを結集して組織形態そのものを創造しなければならない。われわれは、その最初の会議において、これに結集したメンバーたちがその全員を「われわれ」と意識し、

「われわれ」が職場で闘いを切り拓き、「われわれ」のこの組織を強化していくのだ、と自覚的に活動するように意志一致することが肝要である。

われわれは、この組織を形態的にも実体的にも強化し確立していくために、この組織の会議、すなわち組織会議を定期的に開催していかなければならない。何か意志一致しなければならないことがあったら会議をもつとか、そのメンバーたち・あるいは・そのメンバーたちのなかの誰かを強化すべき課題がうかびあがったら論議の場をもつとかというのではなく、何が何でも組織会議を定期的に開催する、ということが先決問題である。次の会議の日程を設定したうえで、その会議にむけて、職場での闘いの進展およびそれらのメンバーたちを変革するためにうかびあがってきた諸課題などの分析にふまえて、その会議で何をどのようにやるのか、ということを、われわれは構想すべきなのである。その会議では、われわれは、自分が、自分のくりひろげてきた諸活動を報告し、またみんなに自分がやってきた諸活動を報告してもらって、そこでうかびあがってきた問題についてほりさげるかたちで論議していくことが肝要である。

われわれの同志たちは、やはり、さまざまな場で・その場に・われわれ独自の組織を新たに創造してきた、という経験が乏しい、といわなければならない。すでにつくりだされているところの・一定の地域のわれわれの産別の組織に――その産別での運動をとおして――自分の職場から労働者をオルグして組織する、というものとは異なって、自分が一人で実存している自分の職場あるいは組合にわれわれ独自の組織を新たに創造するとか、自分が発掘した・自分の職場以外の職場あるいは組合のメンバーを基礎にしてその職場あるいは組合にわれわれ独自の組織を新たに創造するとかという経験が、それである。

この実践の経験をつみかさね教訓化し自分自身を鍛えあげていないばあいには、われわれは、相手の労働者をわれわれの側にオルグし引きあげる、というように発想しがちである。このように発想すると、スケジュールは相手にあわせるとか、相手の問題意識や相手の相談事項にあわせて論議するとかとなってしまうのである。こうすると、みんなの都合のいい日というようなものはない、ということになってしまう。

いったん集まって会議をもつならば、その場で、次の会議の日程を決定するとか、それができなければ、次の月の勤務表が提示された時点で全員にそれを知らせてもらい、いい日を自分が設定してみんなにこれでいいかと問い合わせるとか、あるいはまた、次の月にかんしてはこの日に会議をやろうと決めて、その日に希望休をとる（「希望休」というのは私がやっていた給食の職場での表現だが）とみんなで確認するとかということを、われわれはやらなければならない。これが最優先なのである。ところが、こういうようにやるという経験をつみかさねていず、こういうようにやるならばみんなは「よし、そうしよう」と意志一致できる、という自信と確信をもっていないと、そして何が何でも次の会議の日程を設定するのだという強い意志を会議中に自分の頭のなかにたえずわきあがらせていないと、会議の中身とその盛り上がりに注意と気が集中していまい、次の予定を何も決めないまま会議を終り解散してしまうことになるのである。そうすると、そのあとが、もう、大変である。

われわれが一人で、組合内・あるいは・組合のない職場で、左翼フラクションといった組織を創造するばあいには、われわれは、そのメンバーたちを結集してはじめてひらいた会議において、この会議を定期的におこなうことを確認し、そして会議をおこなうたびごとに、次の会議の日時を決めなければならない。こういう組織を体験したことのないそのメンバーたちは、次の会議を意識することによって、この会議にむけて自分が何をおこない・どう報告するのか、と考え、そう考えつつ実践し、そうすることによって、自分たちこのメンバーからなるものが組織なのであり、自分はこの組織の一員である、ということを意識するのであるからである。

二〇二三年一二月二五日

〔3〕左翼フラクションの会議で論議を大いに盛りあげよう

われわれは、自分の組合や職場に創造した左翼フラクションの会議で、その論議を大いに盛りあげなければならない。

それぞれのメンバーがやった実践を、リアルに、力をこめてやったことは力をこめて、相手に感情をゆさぶられて対応したことは、そのときの感情を丸出しにして、しゃべってもらうことが大切である。そして、そのように実践したことによって相手に何をつくりだすことができたのかをみんなで確定し、その実践の意義を確認しなければならない。と同時に、そのメンバーがその場面でその相手にそのようにたちむかった、たちむかいえた、というこの飛躍を、このメンバーの主体的飛躍として、そのときの気持ちと感性の動きを思いおこし語ってもらい、われわれはすかさず「おお、それが大切だ」と声をあげて、このようにして自己を飛躍させるのだということを、当人とみんなの心のうちに定着させなければならない。このようにして、われわれは、左翼フラクションとしてそれぞれのメンバーがやった実践の教訓をみんなでつかみとり、そのメンバーたちの思想的および組織的な成長をこの論議そのものでかちとっていくのである。

左翼フラクションのメンバーたちは、自分と自分が相対している職場の人間たちとの関係そのものを変えていかなければならない。相手に自分が頭を押さえつけられていたというこの関係そのものをひっくりかえさなければならない。このメンバーたちは、われわれが職場の諸関係をひっくりかえすことによって、それができるようになるのであり、われわれを見習って実践する、というかたちで、それをなしうる主体に変わるのである。

彼らは、自分と自分が相対している人間たちとの関係をひっくりかえすことによって、そしてこの実践とこれをなしえたおのれを確証することによって、この社会そのものを、この世界そのものを、自分たちがひっくりかえすのであり、ひっくりかえすことができるのだ、という確信と自信をもつのであり、おのれをプロレタリア世界革命の主体へとたかめていく意欲とバネと意志をもつのである。世界は職場に体現されているのである。

二〇二四年一月一四日

〔4〕　話はつきない

左翼フラクションの会議では、われわれは、自分をさらけだして、みんなと論議しなければならない、と私は思う。自分まるごとを丸出しにして相手にぶつかるのだ。自分が変わらなければならない。自分を、相手にひるまない自分にしなければならない。自分を、相手にふみこむことのできる自分にしなければならない。

これは、原始創造である。この組織が革命をやるのである。われわれは、この組織を、革命をやる組織にするのである。

あんた、どう生きてきたの？　あんた、自分を、どういうように・どういう自分につくってきたの？　私は、こういうように生きてきたんだよ。私は、自分を、こういうように・こういう自分につくってきたんだよ。われわれがこの職場をつくりかえるんだよ。われわれでこの職場をつくりかえるんだよ。アイツはまだあんたに威張っている。アイツを変えるんだよ。アイツの後ろにはアイツを動かしている奴がいる。アイツを変えるためには、どういう自分になればいい？　どうやって、自分をそういう自分にすればいい？

話はつきない、と思う。

われわれがこの社会をひっくりかえすんだよ。われわれでこの社会をひっくりかえすんだよ。このわれわれの組織が、革命をやる組織になるんだよ。このわれわれの組織を、革命をやる組織にするんだよ。自分が革命家になるんだよ。自分を革命家にするんだよ。どうやって自分を革命家にすればいい？

話はつきない。

二〇二四年一月一六日

〔5〕「階級闘争の現実およびわれわれ自身を変革する」という表現は変だ、ということに気づいた

私は「われわれはわれわれが創造し推進している階級闘争のこの現実を変革していくのだ、と論じること」という文章で次のように書いた。

「われわれ主体が客体を変革すると論じることと、われわれが物質的現実を変革すると論じること」という表題で書いた文章では、われわれはわれわれにとっての対象とわれわれ自身とをふくむ物質的現実そのものを変革するのだ、ということを私は強調したわけである。しかし、これでは、われわれがつくりかえてきているところのそれを、だ、ということを明らかにしえていないのである。」と。

しかし、さらに考えると、「われわれはわれわれにとっての対象とわれわれ自身とをふくむ物質的現実そ

のものを変革するのだ」と表現するならば、――ここに言う「物質的現実」が「われわれがつくりかえてきているところのそれを、だ」ということを明らかにしえていない、というばかりではなく、――変革する主体であるわれわれを客体化してしまうことになる、という気が、私にはするのである。

では、われわれ自身を変革するのだ、ということを強調するために、「われわれはわれわれが創造し推進している階級闘争の現実およびわれわれ自身を変革するのだ」ないし「われわれはわれわれが創造し推進している階級闘争の現実およびわれわれ自身を変革する、という実践的立場にたつのだ」というように表現すると、どうか。

このように表現したとしても、変だ。「およびわれわれ自身を変革する」というように言うならば、それは、階級闘争の現実を変革する主体であるわれわれを、われわれが変革する対象である階級闘争の現実と同列に並べて変革の対象とする、と論じるものであり、われわれを客体化するものである、というように、私はどうしても感じるのである。

ここは、「われわれは、われわれが創造し推進している階級闘争の現実を変革するためにイデオロギー的＝組織的にたたかい、こうすることをつうじて同時に、このわれわれ自身を変革するのである」、というように論じなければならない、と私は思う。「われわれ自身を変革する」とは、わが党組織を変革するということであり、わが党組織を強化・確立するということである。このことについては、われわれは、わが党組織をわが党組織として確立することとして独自的に明らかにしなければならないからである。

実践論のレベルにおいて論じるばあいにも、「われわれは、われわれがつくりかえてきている物質的現実を変革するために実践し、こうすることをつうじて同時に、われわれ自身を変革するのである」、というように展開しなければならない。

われわれは、われわれの外側に、われわれが変革する対象として・われわれ自身を措定するのではないからである。

階級闘争論的立場にたつ、ということを論述するときには、「われわれは、われわれが創造し推進している階級闘争の現実を変革する、という実践的立場、すなわち、階級闘争論的立場にたつのである」、というように明らかにしなければならない。

「現実およびわれわれ自身を変革する」とか「対象およびわれわれ自身を変革する」とかというように、われわれが対決し変革する対象とわれわれ自身とを一緒くたにして論じてならない、という気が、私にはどうしてもする、ということである。イメージ的に言うならば、このように表現すると、われわれが向こう側にいってしまう、という気がする、ということである。私が、これまでにこのように論じたところは、訂正する。

二〇二四年一月一六日

〔6〕 階級闘争論的解明・運動＝組織論的解明・党組織建設論的解明

私は「「階級闘争の現実およびわれわれ自身を変革する」という表現は変だ、ということに気づいた」という文章において次のように書いた。

「ここは、「われわれは、われわれが創造し推進している階級闘争の現実を変革するためにイデオロギー的＝組織的にたたかい、こうすることをつうじて同時に、このわれわれ自身を変革するのである」、というように論じなければならない、と私は思う。「われわれ自身を変革する」とは、わが党組織を変革するということであり、わが党組織を強化・確立するということである。このことについては、われわれは、わが党組織をわが党組織として確立することとして独自的に明らかにしなければならないからである。」

私は、わが同志から、この部分についての次のような感想を聞いた。

「このなかの冒頭のカギかっこを付されている文で言われている「われわれ自身を変革する」の「われわれ自身」とは、自分ということではなく、わが党組織なのだ、と自覚した」、と。

これを聞いて、私は、階級闘争論的解明・運動＝組織論的解明・党組織建設論的解明の三者にかんして、何をどのように解明するのか、という・解明すべき課題とアプローチのしかたの違いを論じなければならない、と感じた。

われわれは、われわれが活動している場において、われわれがつくりかえてきている階級的諸関係および階級闘争の現実を変革する、という実践的立場にたって、われわれの実践の指針・すなわち・われわれの闘争＝組織戦術を解明し、われわれはわれわれが解明したこの闘争＝組織戦術にのっとって諸活動をくりひろげなければならない。

われわれは、われわれがつくりかえてきている階級的諸関係および階級闘争の現実を変革する、という実践的立場を、階級闘争論的立場と規定したのであり、われわれの実践の指針・すなわち・われわれの闘争＝組織戦術のこの解明を、階級闘争論的解明とよんだのである。これが、われわれが解明すべき三者のうちの一番目の階級闘争論的解明である。

ここに言う、われわれが活動している場とは、われわれが所属している労働組合とその運動の場であり、また労働組合が存在していない自分の職場での闘いの場であり、そして産業別の労働運動の戦線の場であり、さらに日本階級闘争総体の場である。

そして「われわれがつくりかえてきている階級的諸関係および階級闘争の現実を変革する、という実践的立場にたって」というように表記したのは、われわれがわれわれの闘いによって現につくりかえてきている階級的諸関係および階級闘争の現実にわれわれは対決し・これを変革することをおのれの意志とするからであり、ここで「階級的諸関係および」としたのは、個別の職場での闘いや個別の労働組合での闘いであったとしても、つねに会社経営陣・管理者たちと労働者たち・労働組合との力関係を変革することを、われわれはわれわれの課題とするからである。

さらに、われわれの実践の指針・すなわち・われわれの闘争＝組織戦術の解明には、われわれが組合員あるいは組合役員としてうちだす組合の運動＝組織方針の解明や、組合のない職場においてわれわれが一労働者としてみんなに呼びかける闘いの指針の解明をふくむのである。いいかえるならば、われわれは、われわれが組合員あるいは組合役員としてうちだす方針やわれわれが一労働者としてみんなに呼びかける方針を解明すると同時に、われわれが職場の諸課題およびこの方針をめぐって組合員たち・労働者たちと論議するイデオロギー闘争の内容や、この方針を組合員たち・労働者たちに物質化するためにわれわれがくりひろげる諸活動を解明しなければならないのであり、このようにしてわれわれが解明するところのものがわれわれの闘争＝組織戦術なのであって、われわれはこの闘争＝組織戦術にのっとって実践するのである。すなわち、イデオロギー的＝組織的にたたかうのである。

われわれが明らかにすべきその第二は、われわれが解明したわれわれの闘争＝組織戦術をわれわれが実存する場に物質化する諸活動を、運動＝組織論を適用して解明することである。これは、われわれがわれわれの闘争＝組織戦術にのっとって展開する諸活動の運動＝組織論的解明であり、われわれがわれわれの闘争＝組織戦術を物質化する実体的構造の解明である。すなわち、われわれが職場闘争あるいは運動を組織しわれわれの組織を組織していく実体的構造の解明である。

この諸活動の解明＝この実体的構造の解明は、われわれの闘争＝組織戦術の解明にふくまれるのであり、第一の階級闘争論的解明と第二の運動＝組織論的解明との違いは、アプローチのしかたの違いにもとづくのである。前者を、闘争（＝組織）戦術の解明、後者を、（闘争＝）組織戦術の解明というようによぶことができる。前者は、われわれがつくりかえてきている階級的諸関係および階級闘争の現実をわれわれが実践的に変革していく主体的構造を、表側から解明する、というようにアプローチするのにたいして、後者は、その主体的構造を、裏側から解明する、というようにアプローチするのだ、ということができる。

われわれが明らかにすべきその第三は、われわれが階級闘争を組織し展開するその前提をなし・この階級闘争の展開を媒介としてわれわれが強化し確立していくところのわが前衛党組織、この前衛党組織を前衛党組織としてどのように確立していくのか、ということを、前衛党組織建設論を適用して解明することである。われわれが階級闘争を組織し展開する、と同時にこれを媒介として、われわれ自身・すなわち・

わが前衛党組織そのものを強化し確立していく主体的で組織的な闘いを、われわれは解明しなければならないのである。わが党組織を、その形態の確立を基礎としてその実体を確立する、と同時に、その実体の確立を媒介としてその形態を確立していく、という主体的構造を、そして、この組織そのものとこの組織の諸成員の思想性および組織性をたかめていくこと、そのためにわれわれは内部思想闘争をどのようにおしすすめていくべきなのか、ということを、われわれは、党組織建設論を適用して明らかにしていかなければならないのである。

これらの三者にかんしては、われわれはこれを具体的に解明しなければならないのであり、黒田寛一『日本の反スターリン主義運動 2』の二五一頁の「マルクス主義革命理論の構造」の図解との関係において言うならば、この図解で明らかにされているすべて（「A 世界革命論（革命現実論）」「B 革命実践論（革命本質論）」「C 組織現実論」をふくむこの全体）をマルクス主義革命理論の本質論とし、この本質論の現実論として、私が右にのべてきた三者を、われわれは明らかにしなければならない。この意味においては、この三者の全体を「階級闘争論的解明」とよぶこともできる。

この階級闘争論的解明にかんしては、階級闘争の物質的諸条件・すなわち・階級情勢との関係においては、次の三つを独自的に解明することが必要である。

①現代ソ連邦が崩壊し、プロレタリア階級闘争が壊滅させられた現在の階級情勢のもとで、われわれは、痛苦にもわれわれ自身がつくりだして許してきたこの壊滅の状況を突破し、どのようにプロレタリア階級闘争を創造し推進していくのか、という・われわれの指針と諸活動の解明。

②政治的・経済的危機がうみだされたという階級情勢のもとで、国家権力および支配階級の諸攻撃をう

ちくだために、われわれは、われわれが掌握している諸労働組合および諸職場の労働者たちのイニシアチブのもとに・もろもろの労働組合や諸階級・諸階層を結集して統一戦線を結成してたたかう、と同時に、職場ソビエト（職場労働者評議会）の創造を基礎にして産業別ソビエト（産業別労働者評議会）および地区ソビエト（地区労働者評議会）を結成し、これを統一していく闘いの、われわれプロレタリア前衛党の指針と諸活動の解明。

③前革命情勢ないし革命情勢のもとで、結成されたソビエト（労働者評議会）をわれわれが強化し、このソビエトを主体として、現存する国家権力を打倒しプロレタリアート独裁権力を樹立するための闘いの、われわれプロレタリア前衛党の指針と諸活動の解明。

われわれは、この①②③を、マルクス主義革命理論のすべてを適用して解明するのでなければならない。

二〇二四年一月二二日

〔7〕　われわれが組織会議でおこなっている組合や職場での闘いの報告は何なのか？　その方法は？

われわれは、組織会議において、組合や職場でのわれわれの闘いにかんしては、各組織成員が自分のおこなった闘いの報告を文書として提起し、それを読みあげ、それをめぐって論議しているわけである。この報告は、いったい何なのだろうか。組合や職場での自分の闘いを捉えかえし分析する・われわれの方法は、いったいどのようなものなのだろうか？

わが同志たちが書いているのは、自分がやってきた闘いの素描といったものである。それは、――わが同志が組合役員であったばあいには、――当面する課題を実現するために、われわれが組合役員として、組合役員たちや組合員たちと意志一致して、彼らとともに、会社を代表する管理者たちと闘争したこの闘いをふりかえったものであり、さらに、この闘いをめぐって左翼フラクションの会議でどのように論議し、そのメンバーたち・および・この組織そのものをどのように変革してきたのか、ということを省みたものである。この意味において、それは、当面する課題を実現するために、会社経営陣・管理者たちと労働組合との力関係をどのように変えてきたのか、そして労働組合の闘いおよび労働組合そのものをどのように強化してきたのか、さらにわれわれがつくりだしている組織たる左翼フラクションをどのように組織的に強化してきたのか、というわれわれの実践・すなわち・われわれのイデオロギー的＝組織的闘いと、この闘いによって変革しえた階級的および組織的（われわれが創造している組織形態という意味での組織的）現実を、われわれが分析したものである、ということができる。

われわれは、この分析を基礎にして、われわれの実践・すなわち・われわれのイデオロギー的＝組織的闘いそのものに孕まれている問題をえぐりだし反省するのである。

これの全体を、われわれの実践の総括ということができる。

と同時に、この全体のなかの前半部分をなすところの、われわれの闘いとこの闘いによって変革しえた階級的および組織的現実の分析は、われわれがこれからくりひろげるべき実践の指針を解明するために、われわれが変革する対象である階級的および組織的現実を分析するものをなす、といえる。

われわれは、われわれが実存している場の階級的現実を変革するためのわれわれの実践とこの実践によって変革し創造してきた階級的および組織的現実を、われわれの直接的（＝運動上の）目的および組織的目的・したがって・われわれの実践の指針との関係において、われわれの革命理論を適用して分析するのである。

われわれは、これを、われわれがわれわれの闘いを分析する方法とよぶことができる。

二〇二四年二月一八日

〔8〕われわれはこの私の実践を対象として主体的に分析するのである

われわれは組織会議で報告するために、自分自身の実践をふりかえり、ふりかえってつかみとった内容を対象化するわけである。このことについては、実践＝認識主体であるわれわれは、現在のこの私が認識主体となって、自分自身がすでにおこなった実践をふりかえり分析するのだ、ということができる。われわれは、見るおのれと見られるおのれとに自己を二重化するのである。見るおのれは現在のおのれであり、見られるおのれは、実践したおのれなのであり、この意味においてそれは、おのれが遂行した物質的にして意識的な実践そのものである。この実践はすでになしとげられている。

自己が自己にあらざる他のものにおいて自己を見る、ということを考えるならば、いまのべた、おのれが遂行した物質的にして意識的な実践そのものが、ここに言う、自己にあらざる他のものである。われわれは、われわれが遂行した実践の成果を、われわれがつくりかえ創造した階級的および組織的現実として眼前にしているのであり、この階級的および組織的現実を創造した・われわれの物質的にして意識的な実践そのものを、この実践の成果との関係において分析するのである。

われわれは、この私がすでになしとげたこの私の実践においてこの私を見るのである。これが反省である。この私が遂行した実践を、この実践によって変革し創造した階級的および組織的現実との関係において分析することは、この反省の・すなわち・この私を省みることの基礎をなす。

わが組織の組織としての反省がわれわれの総括である。われわれが遂行した実践を、この実践によって変革し創造した階級的および組織的現実との関係において分析することは、この総括の基礎をなすのである。

われわれは、自分自身が遂行した実践を対象として主体的に分析するのである。

われわれは、自分が組合役員として、他の組合役員たちや組合員たちといっしょに、会社経営陣・管理者たちと闘争したばあいには、自分自身のこの実践を、この私が、直接的事態をどのように分析し、どのような目的意識をどのように貫徹して実践したのか、というように、分析するのである。闘争した主体である自分たちも、自分たちが闘争した相手も、ともに物質的にして意識的な存在であり、自分自身が目的意識的にたたかったのであるからして、われわれは、自分自身のこの実践を・すなわち・自分自身のこのイデオロギー的＝組織的闘いを対象として主体的に分析するのである。したがって、われわれは、自分と相手とを横に並べるかたちで分析するのではない。あくまでも、自分が相手にどのように対決したのか、というかたちで分析するのである。自分がすでに遂行した実践を分析するのだ、ということからして、あえてしつこく「……を対象として主体的に」という表現を私はとったのである。われわれの実践の指針を主体的に解明する、ということとは異なる、という意味である。

われわれの実践のこの分析において、相手の側の経営者あるいは管理者の対応を分析するばあいには、われわれは、当該の経営者あるいは管理者の立場にわが身をうつしいれて、その人間の諸言動を分析するのである。

左翼フラクションの会議において、われわれがそのメンバーたちとどのように論議し、彼らを変革したのか、というわれわれの実践・すなわち・われわれのイデオロギー的＝組織的闘いを、われわれが分析することにかんしても、以上と論理的構造は同じである。

二〇二四年二月二一日

〔9〕「付与＝体得」の論理を適用するのでいいか？

われわれは、われわれが労働組合内につくりだしている左翼フラクションのメンバーたちをわが組織の担い手へとどのようにして変革していくのか、ということを構想するときには、「付与＝体得」の論理を適用して解明する、と考える。すなわち、変革する主体であるわれわれと、われわれが変革する対象である左翼フラクション・メンバーとの実体的対立を措定して、このメンバーを共産主義者へとたかめるために、われわれはこのメンバーに、実践的な問題をめぐる論議を媒介としつつマルクス主義の内容を付与するのであり、このわれわれの働きかけをとおして彼らはその内容を体得するのである、と考え、われわれはこのことをどのようにして実現するのか、というように構想するわけである。

この「付与＝体得」の論理にかんしては、〈われわれ⇅左翼フラクション・メンバー〉という図を描くことができる。このばあいに、〈われわれ→左翼フラクション・メンバー〉が「付与」をあらわし、〈左翼フラクション・メンバー→われわれ〉が「体得＝自己止揚」をあらわす。

しかし、この論理を適用して考える、というのでいいのか、という気が、私にはしてきたのである。この道具立てで考えると、考えているわれわれは、われわれ＝教える人、左翼フラクション・メンバー＝教えられる人、という意識にどうしてもおちいってしまうのではないか、という気が、私にはするのである。もちろん、この「付与＝体得」の論理は、「教育者が教育される」という論理によって裏打ちされてはいる。しかし、たとえそうであったとしても、ということなのである。

われわれは、わが左翼フラクション組織が直面している実践的・理論的・組織的問題を、そして左翼フラクションの個々のメンバーが直面している実践的・理論的・組織的問題を左翼フラクション組織そのものの問題として、どのようにして解決していくのかということの指針を理論的に解明しなければならないのである。この解明は、われわれが新たな問題にかんして理論的に深化し、理論を発展させることなのであり、われわれが新たな理論を創造することそのものなのである。われわれは、自分自身が〈いま・ここ〉

で、この理論創造をやらなければならないのである。

ところが、このことの考察に立脚してではなく、このことの考察をぬきにして、最初から「付与＝体得」という枠組みで考えてしまうと、われわれは、自分がすでにもっているマルクス主義の理論を左翼フラクション・メンバーに付与する、というように感覚し意識することになってしまうのである。あるいは、さらに、自分が別のところで・すなわち・われわれの組織会議や学習会やまた個別的な学習でマルクス主義の理論を学習し、この理論の自分の理解をたかめたうえで、このようにしてマルクス主義の理論を体得した自分が左翼フラクションのメンバーにその理論を付与する、と意志してしまうことになるのである。これでは、その場で提起された・あるいは・あらわとなったところの、左翼フラクションやそのメンバーたちが直面している問題を解決するために、その会議あるいはそれ以外のその場で論議し、打開のための指針をねりあげる、ということができなくなってしまうのである。われわれは、つねに、左翼フラクションのメンバーたちの前に、答えをもっている人間としてたちあらわれることになるのである。こうなると、彼らに、自分は教えられる人だ、という意識をつくりだし、彼らを、主体性と組織性をもった組織成員へと育てあげていくことはできないのである。

われわれは、こういうことについて考察する必要があるのではないか、と私は考えるのである。

二〇二四年二月二七日

〔10〕 そのつど、自己の実践を反省すべきではないだろうか

われわれは、自分が実践すれば、そのつど、自己の実践を反省すべきではないだろうか。何か事態がうみだされたときには、このときに、この事態をもたらした自己の実践を反省すべきではないだろうか。仲間と話しして、自己の実践や自己が変革するために対決した対象について、さらには自己の実践の結果について、何か気づかされたときには、このときに、気づきえなかったおのれと自己の実践そのものを反省すべきではないだろうか。

自己の実践の報告と、やった！ ということの確認、あるいはこんな事態がうみだされたということの報告で終わらせてはならない、と私は思う。組織会議で論議したうえで、それから反省を書く、というのではどうしても、つかみとったものからの自己の実践の解釈になってしまう。これでは、どうしても自分を変えることができない。

やった！ というときには、ここまできたときに自分はうまくやれなくなってしまった、どこが問題なのか、という・自己を省みる気持ちがわいてくるように、われわれは自己を訓練することが必要なのである。何か生起したときに、しまった！おそかった！あれをやっていなかった！ と感じる感性と直観力を自分につくることが必要なのである。仲間から意見を聞いたときに、ああ、そうなのか、と思うだけではなく、

同時にその瞬間に、そう感じえなかった自己を見る力を、自分に創造することが必要なのである。これは訓練である。いまはとりあえずの報告なので報告だけにして、反省はこの次に、というのでは、自己を訓練できないのであり、自分をつくれないのだ、と私は痛感した。

二〇二四年二月二七日

〈11〉実践の総括にかんして――意義と限界、課題が見つかった、ふりかえる、省みる、反省する

われわれは、われわれがくりひろげた実践を総括するばあいに、われわれの実践の意義と限界を明らかにする、と言う。

テレビのニュース番組で、スポーツ選手がインタビューに答えて言うばあいに、あるいはスポーツ選手にかんして解説するばあいに、「課題が見つかった」という言葉がよく使われる。私は、おもしろい表現をつかうものだ、と思って聞いていた。自分・あるいは・選手を傷つけないようにやわらかく言っているのであろう。選手が言ったのであるとすれば、実際には、これは、私は私の競技の仕方に欠陥を見つけることができた、このゆえに、私は、この欠陥を克服することを私の課題とする、ということである。このように言うべきときに、「欠陥」というきつい言葉を避け、全体を縮め、さらに客体的に表現するならば、

「課題が見つかった」となるわけである。

これはスポーツ選手のことだから、これでいいわけである。

われわれは、われわれの実践にかんして、「課題が見つかった」などとは決して言わない。

「われわれの実践の意義と限界を明らかにする」というように表現したとしても、私は、「意義」と「限界」を悟性的にふりわける、という印象をもつ。

われわれの実践の総括にかんしては、やはり、われわれは、われわれの実践をふりかえり、自己を省みる、すなわち反省する、というようにすべきである。

ある職場で、われわれが予測していなかった事態がうみだされた。うみだされて、はじめてわかった。しまった。やられた。遅かった。現に生起していた労働者たちの状況にかんするわれわれの分析――私が牽引しておこなった組織的論議にもとづく分析――が甘かった。その背後の管理的に動く労働者たちへの警戒心と彼らの動きの分析が弱かった。労働者たちとの論議を順次おこなっていくことを組織的に確認したのではあったが、それが進展していないことの根拠をつかみとり打開しなければならない、という緊迫性を私は自覚していなかったのである。

この反省を組織的に深め、組織的に打開しなければならない。

このことをめぐって組織的に論議し、わが組織そのものを形態的にも実体的にも強化し確立していかなければならない。

二〇二四年三月一日

〈12〉 自分の実践を反省する力をつくること

左翼フラクションの会議での論議が大いに盛りあがり、そのメンバーたちをまた一歩ひきあげることができた、というとき、こういうときにこそ、自分のこの実践を反省することが必要である。やった！　というときにこそ、そのメンバーたちの変革を一歩かちとりえた自分の実践を省みる力を自分自身につけることが必要なのである。

A君の疑問にB君が答えたのにたいして、このB君の意見に自分が「いい意見だ」と言ったうえでA君に「どう?」と聞いた。A君は「うん、そうだな」と言ったのだが、報告文を書いている現時点から思いおこすと、A君がB君の意見にどう感じたのかがいまひとつよくわからない。自分は、そのB君の意見を発展させるかたちで自分の意見を言って、二人をともに内容的にたかめることができた、と言える。しかし、A君の当初の疑問が、彼自身のどういう体験を基礎としたものであり、B君の意見とそのあとの論議によって、その基礎となったもの自身をどのように捉えかえすことができたのか、ということを明らかにすることができなかった。このように考えると、A君に自分自身を捉えかえす力をどのようにどれだけつくりだしえたのかがわからないままだ、と言える。

われわれは、このようなかたちで、自分自身の実践をふりかえり反省しなければならない。われわれは、自分自身の一つひとつの実践を、それを思いおこし、また文章として対象化しながら、省みることが必要なのである。われわれは、自分の実践の経過報告として、やったことを肯定的にすべて書いたうえで、さて、ここのどこに問題があったのか、と考える、というのではだめなのである。われわれは、自分のひとつの実践をその結果との関係において「やった！」と思いおこすと同時に、「ああ、これがやりえていない」「ここのつっこみが弱かった」「こんなふうな偏りをもったものになってしまった」「こんな方向に引っ張ってしまった」とかというように、その実践にはらまれているものをえぐりださなければならない。

このようにして、われわれは、自分自身に自分の実践を反省する力を創造し、この力を不断に鍛えあげていくことが必要なのである。そして、自分の実践のこの反省を文章として対象化し組織会議に提起して、これをめぐって論議することをとおして、わが組織そのものを形態的にも実体的にも強化し確立していかなければならない。われわれは、自分の実践の反省を提起するというかたちで、自分が先頭にたってわれわれの内部思想闘争を牽引していくのでなければならない。

二〇二四年三月二日

〈13〉 自分がいびられたときには、うつ病にされると自覚して、その前の自分の実践を反省しなければならない

われわれは、現場の管理者然とした者が自分をいびりにかかってきたときには、――これは、そのことで自分の頭が勝手にぐるぐるとまわり夜も眠れなくなることによって自覚することができるのであるが、このときには、――自分がうつ病にされてしまうと自覚して、その前の・この者をへこませた自分の実践を反省し（相手のへこませ方を反省しなければならない。パチンとやるのではなく、相手が恨みをもたないようにへこませなければならない）、自分の態度をあらためなければならない。もしも、これを「引く」というように考えるならば、その前の自分の実践を肯定してしまい、うみだされた事態についての判断と事態の打開のための実践とを、職場のたんなる政治力学上の政治技術の問題におとしめてしまうことになる。われわれは、あくまでも、自分の実践を、うみだされた事態との関係において、反省するのである。「ここは、さらに出るべきか、引くべきか」と考えたのでは、自分の頭をプラグマティックにまわしてしまうことになるのである。

二〇二四年三月三日

〈14〉「プロレタリア的聖人君子づくり主義の克服」という真弓海斗論文

今日のように民族主義集団に変質する前のかつての革マル派においては、われわれは、組織成員である自己および自分が変革する相手の「ブルジョア的汚物を一掃する」と考え、癖や小ブルジョア的残滓といえるようなものを見いだし、これをなくすことを追求してきた。しかし、これは、プロレタリア的聖人君子づくりのようなものであった、といわなければならない。これは、自己および変革する相手のプロレタリア的変革ではない。なぜなら、われわれは、プロレタリア世界革命を実現するためには、プロレタリア世界革命を実現するぞ、と意志した労働者を大量に創出し組織しなければならないのであり、自分自身がこれをなしうるためには、自分自身の諸能力に凸凹や癖があろうとも、自分のあらゆる能力を・そのすべてを格段にたかめなければならないのだからである。

自己を見つめ、このことを明らかにした論文が、真弓海斗論文である。

二〇二四年四月一九日

〔15〕この論文に思う

まだ変質していなかった革マル派の時代に、私はみんな（他の組織成員）とのあいだに感覚的なちがいを感じた。みんなはどうも、相手の労働者あるいは学生を大衆運動（労働運動）の革命的展開（左翼的展開）の主体にする、というところで一段落する、一気に革命の主体にすればいいのに、と私はどうしても感じる、と思ったのである。みんなは、相手の労働者あるいは学生を、いったん大衆運動（労働運動）の革命的展開（左翼的展開）の主体にしたうえで・しかるのちに革命の主体にする、と考え実践している、というように感じた、ということである。

私はマル学同（マルクス主義学生同盟）メンバーを一度に何人もつくったときに「粗製乱造だ」と言われたこともあった。そうは言っても、私は彼らを変革することを追求し、彼らに、自己の組織活動の反省と、自分の形成過程の捉えかえしとを、加盟決意書として書かせたのである。

当時は、何が違うのかはわからなかった。

今日的に言えば、次のようなことである。

大衆運動の方針として最大限綱領（革命戦略）を提起するならば、それは最大限綱領主義という誤謬である。しかし、自分が大衆運動に決起させたメンバーに、ただちに「革命をやろう」と提起して論議し、彼を、プロレタリア革命を実現すると意志する人間に変革することは何ら最大限綱領主義という誤謬ではないし、そうすべきである、と私は考えるのである。

社会民主主義者の当面する労働運動の方針を批判し、その根拠は改良主義にある、とあばきだして論議したときに、相手の労働者が、この根拠の暴露を「そうだ」と思うためには、われわれは、彼を、プロレタリア革命を実現する、という立場にたたせなければならないのである。改良主義とは、改良の自己目的化ということであり、改良と革命のあいだに万里の長城をきずく、というように特徴づけられるものである（これは、もうほとんどいなくなった、第二インターの流れをくむ日本型社会民主主義者のばあいだが）。この批判は、自分がプロレタリア革命を実現するという立場にたってはじめて、「そうだ」と思うことができるのである。彼をこの立場にたたせないで、この批判をやっていたのでは、彼は、改良主義なるものを解釈するという解釈主義者にしかならないのである。われわれは彼を解釈主義者に育ててしまうことになるのである。われわれは、組合の提起した闘いに決起した労働者にプロレタリア革命を実現するという立場にたつことをうながすために、社会民主主義者の方針を批判して、その根拠は改良主義にある、とあばきだすのである。

日本共産党系の学生が提起した反戦闘争の方針を批判して、その根拠は二段階戦略にあるとあばきだしたのも、同じである。われわれが反戦闘争に組織した学生に、プロレタリア革命を実現するという立場にたたせるためにそうしたのである。

むかし、むかし、私は、マルクス＝エンゲルスの『ドイツ・イデオロギー』を読んで「共産主義的意識の大量的産出」が必要であり、それは革命の過程において実現することができる、そのためにわれわれ＝

この仲間がそれをやる組織になるのだ、と考えて実践していた。その本には、「打倒する階級は革命においてのみ一切の古い汚物をはらいのけ、新しい社会建設の能力が附与される」と書いてあったからである。黒田寛一の『現代における平和と革命』の「疎外された大衆を革命化（意識改造と人間変革による階級的自覚の獲得）し組織化し動員することこそが、問題なのである」（現行版では一八四頁）、というのを読んで、私は「エエッ」と衝撃をうけた。「革命の前に共産主義的意識を大量に産出しなければならないじゃないか。そんなことができるのか」、と。しかし、考えてみれば、私はあまかったのだ。共産主義的意識を獲得した人間を大量に産出し組織し動員しないことには、革命を実現しえないことは、明らかだった。「よし、やろう」と私は思いなおした。（もっと私が動揺したのは「プロレタリア世界革命の完遂への過渡期の固定化」と書かれていたことであった。「エエッ、誤ったスターリンが打ち倒されることなく、ここまできた、ということじゃないか。歴史の必然性は誤謬者の打倒と正しい者の勝利としては貫徹されないのか。ソ連の文献をすべて批判しなければならない。そんなこと、一生かかってもできるのか」、と思い、「僕が誤っても、是正されることなくひっぱってしまう、ということもありうる、ということじゃないか」、と恐怖したのだった。「ロシア革命が、孤立・後進・世界革命の遅延ゆえの早すぎた革命であってくれたら、どれほど心が休まることか」、と思ったのであった。——私は、ソ連の文献を批判したのは六〇歳を過ぎてからであった。）

　プロレタリア世界革命を実現するためには、われわれは自分が、プロレタリア世界革命を実現するぞ、と意志した人間を大量に創出し組織しなければならないのであり、そうなしうるだけの共産主義者＝組織成員におのれを鍛えあげなければならない。われわれは、自己の小ブルジョア的残滓を払拭する、というようなことに拘泥しているわけにはいかないのである。われわれは、自己のあらゆる残滓や欠陥やまた弱さもろともに、自己の低い諸能力をうちくだき、あらゆる能力を格段にたかめなければならない。向上心あるのみ。こう私は思うのである。

二〇二四年四月二〇日

〈16〉「革命への献身性」や「党への献身性」がでてくる構造は、こんなではないか

その主体が民族解放民主主義革命をおのれの戦略的目的にしているばあいには、労働者や学生を組織するためにはその労働者や学生に彼の民族主義的意識をよびおこし煽ればよいことになる。自分自身もまた、自分自身の民族主義的意識をわきあがらせ、これを自分のよりどころとすればよいことになる。ここには、相手および自己の人間変革ということはでてこない。そうすると、相手および自己がプロレタリア的であるということ、あるいはプロレタリア的主体性を獲得するということは、「革命への献身性」や「党への献身性」をもつことにもとめられるのではないだろうか。このことが、「ブルジョア的汚物の一掃」というマルクス＝エンゲルスの言葉で基礎づけられることにもなるのではないだろうか。このことは、その主体の心の奥底に沈潜するのではないだろうか。

たとえ、民族解放民主主義革命路線を破棄したのだとしても、このように沈潜したものをうけついでい

るばあいには、うけついだその新たな主体は、職場での闘いに組織した労働者に、プロレタリア世界革命をやろう、と呼びかけて論議し、この相手をこの立場にたつ主体へと変革することは、きわめて高い課題であり、この相手がどうなるのか心配でこわい、という感覚を抱くことになる。

こういうことではないだろうか。

二〇二四年四月二一日

〈17〉職場の労働者を変革するためには、ものすごい能力を必要とする。自己のあらゆる能力の全面的な発達を必要とする

われわれは自分が職場の労働者を変革するのは大変である。小ブルジョア的なものの残滓があるか否かというようなことを物差しとして自己を見るのでは、自己を見ることはできない。自分のあらゆる能力を省みるのでなければ、相手の労働者への自分のかかわりの穴を穴として自覚することはできないのである。

職場の労働者を職場闘争に決起させ、この労働者を、革命をやるぞ、と意志する労働者に変革するためには、われわれは自分自身に、ものすごい能力を必要とする。あらゆる能力の全面的な発達を必要とするのである。われわれは自分が、決起した労働者を変革するのであり、すなわち彼に実践することをうながすのであり、したがって彼に他の労働者に変革的に働きかけることをうながすのであり、この実践を反省

する論議をとおして彼を変革するのだからである。

フラクションの二重の機能として、フラクションは労働運動を左翼的に展開するための母胎であると同時にわが党の担い手を創造するためのイデオロギー闘争の場でもある、ということが言われるのであるが、右のようなことを考えてきていま考えると、私が考えることと少しニュアンスの違いを感じるのである。

言われていることは次のことである。フラクションは運動づくりと組織づくりの接点の実体をなす。このフラクションを運動づくり・すなわち・労働運動の左翼的展開という側から見るならば、それの母胎をなし、党組織づくりという側から見るならば、党組織の担い手を創造するためのイデオロギー闘争の場をなす、ということである。

しかし、私が考えると、――イメージ的に言うならば、――前者の側の労働運動の左翼的展開ということが、労働運動の左翼的展開というところでとまらないのである。もっと正確に言えば、あくまでもわれわれはどうするのか、というようにアプローチするのである。一方の側としてであれ、運動づくりの側・すなわち・労働運動の左翼的展開の側というようなものを設定し、その側から見る、というようなことはしないのである。われわれが労働運動を組織するのである。われわれが職場での闘いを組織するのである。したがって、われわれは、職場の労働者を職場の闘いに組織し、決起した労働者を、革命をやるぞ、と意志する人間に変革するのである。すなわち、われわれは、決起した労働者に他の労働者に働きかけることをうながし、そのように実践しはじめた労働者たちを結集して左翼フラクションを創造し、この左翼フラクションの会議では、自分たちの実践の反省を基礎として、われわれはわれわれが労働力商品であることを廃絶するために革命をどうやってやろうか、というように論議するのである。われわれは、このような論議をとおして、そのメンバーたちを、反省することのできる人間へと、そして他の労働者を変革しうる能力をもった人間へと育てあげ鍛えあげ、これらのメンバーでもって党細胞を創造するのである。

私はこう考えるだが、どうだろうか。

二〇二四年四月二二日

〈18〉わが仲間が職場に創造した組織は、ますますわが組織という感じになってきた

わが仲間が職場に創造した組織は、ますますわが組織という感じになってきた。

われわれは自分が、そのメンバーたちを全面的に掌握し、彼らそれぞれにそのメンバーにふさわしい課題と任務を課し、その実践をめぐってみんなで論議して反省し、そのメンバーたちを変革し鍛えあげていくのである。われわれは、この闘いをなしうるように、そしてこの闘いをとおして、おのれ自身を――おのれのあらゆる能力を飛躍的にたかめるように――鍛えあげていくのである。

二〇二四年四月二三日

五　自己にない新たな能力を獲得しよう

〔1〕われわれは、自分自身に、新たな能力を獲得しよう！

私は、きのうも、わが仲間と、われわれは・自分自身に・新たな能力を次々と獲得してきたことを確認した。

われわれは新たな闘いをやっているのである。この闘いを実現するためには、われわれは、自分がもっていない新たな能力を新たに獲得しなければならない。われわれは現在の自分の能力でもって活動するのではないのである。われわれは、一つひとつ新たな能力を獲得し、一歩一歩その能力をたかめていくのである。われわれは、われわれのそれぞれとわが組織そのものが新たな能力を獲得したことを確認し、うちかため、さらに前進するのである。私は何度も言うのであるが、われわれは向上心あるのみ、である。

わが仲間は言った。「革マル派の時代には、資質を変えろ、と迫られて暗かったけれども、わが組織建設は明るいですね」、と。まさに、そうだ！　明るく、自分自身をたかめ、わが組織そのものをたかめよう！

二〇二四年四月二六日

〔2〕 労働者階級はいかにしてみずからを解放すべきなのか

労働者階級はいかにしてみずからを解放すべきなのか。

労働者たちは自分の職場で職場の労働者全員が団結して労働者評議会を結成し、この労働者評議会を全国的・全産業的に統一しなければならない。労働者たちは、このように、労働者評議会を結成するというかたちで、みずからを階級として組織するのである。この労働者評議会は、労働者階級がみずからを解放する主体をなす。

全国的・全産業的に統一した労働者評議会は、資本家からすべての生産手段をみずからのもとに奪い取らなければならない。

なぜなら、今日の社会では、資本家が生産手段をみずからの手に資本として集中し、労働者たちは生産手段をもたず自己の労働力を商品として売る以外にない、という関係がつくりだされているからである。このことを基礎にして、資本が労働者の労働を吸収して自己増殖するという搾取が成立しているからである。一方における生産手段の資本としての集中と他方における労働力以外に何も持たない労働者の存在という・この搾取関係が、資本制生産関係である。この資本制生産関係を転覆する主体が労働者評議会なのである。

資本制生産関係を転覆するためには、労働者階級は、すなわち労働者評議会は、現存する国家を打ち倒さなければならない。

なぜなら、現存する国家は、資本家が労働者を搾取するという資本制生産関係を維持するために、資本家階級が労働者階級を支配し抑圧する機関なのだからである。全国的・全産業的に統一した労働者評議会は、現存する国家であるブルジョア国家を打倒し、みずからを国家へとたかめなければならない。すなわち、みずからの国家権力をうちたてるのである。これが労働者国家である。労働者評議会がブルジョア国家権力を打倒し、労働者評議会を基礎とする労働者階級の国家を樹立すること、これがプロレタリア革命なのである。

このプロレタリア革命を実現するために、その主体を創造するために、われわれは、いま職場で、労働者たちを変革し組織し、われわれの組織を強化し拡大していこう！

二〇二四年四月二九日

〔3〕 労働者評議会をつくって社会を変えるために、職場の労働者全員の団結をかちとろう！

われわれが現在の社会を変えるためには、職場の労働者全員で労働者評議会を創造する必要がある。労働者評議会は、労働者階級がみずからを階級として組織する最高の形態である。労働者の団結の最高の形態である。労働者評議会が、資本家が労働者を搾取するこの社会を変えるためには、みんながそれぞれの職場で結成した労働者評議会を全国的に全産業を包括するかたちで統一する必要がある。

このような労働者評議会を創造するために、われわれは、いま、自分の職場で、職場の労働者全員の団結をつくりだし強化しよう！　過酷な労働をゆるさず・苦しんでいる労働者仲間を助けるために、そしてみんなの賃上げをかちとるために、職場のみんなで団結してたたかおう！

二〇二四年四月一日

〔4〕松崎明が考えていたのはこういうことだったのではないか

かつてわれわれ（当時の革マル派）は、国鉄の合理化にたいして「合理化絶対反対！」という方針（闘争＝組織戦術）をうちだしていた。「絶対」とは「一切の条件主義的歪曲をゆるさずたたかおう！」という意味である。松崎明は言った。「絶対反対とはならないんだよ」、と。これは、「階級情勢および国鉄当局と国労（国鉄労働組合）・動労（動力車労働組合）との力関係からしてそうはいかない」という意味であった、と思われる。

いまから考えるとこういうことであったのではないか。

わが党は、「国労・動労の戦闘的および革命的労働者たちは、「合理化反対!〇〇部門・△△職場を残そう!国労指導部の裏切りをゆるすな!」という方針のもとに、断固たたかおう!」という闘争=組織戦術を提起し、国鉄戦線の自分たちは、ここでスローガン的に明らかにされている方針でもって組合運動を組織するとともに、そのただなかで、「国鉄のあらゆる運輸を労働者が管理するために、国鉄に労働者評議会を創造し、国鉄のすべての生産手段を掌握しよう!ブルジョア国家権力を打倒し、全国的・全産業的に統一した労働者評議会を基礎とする国家権力をうちたてよう!」という内容のイデオロギー闘争を展開して、革命的労働者をどしどしつくりだし組織するのだ、ということであったのではないか。

今日的に私の言葉で表現するならば、松崎明が言いたかったことはこういうことではなかったか、と私は思うのである。

松崎明が、黒田寛一に、古典マルクス主義だ、と批判されたようなイデオロギー闘争をやっていたのも、こういうことであったのではないか。松崎明がブクロ派との分派闘争とその後の闘いにおいて、「学習会を基礎とした労働運動」を主張し、マルクス主義の学習会を強調したのも、こういうことであったのではないだろうか。

私は、この思いを強くするのである。

二〇二四年四月一日

〔5〕 共産主義的意識の大量的産出！

マルクスとエンゲルスは『ドイツ・イデオロギー』に次のように書いていた。

「これに対して、共産主義革命は従来の活動の様式に立ち向かい労働〔抹消された部分は省略。ここに言う「労働」は「資本制的な労働」という意味である——引用者〕を除去し、そして、あらゆる階級の支配を、階級そのものとともに止揚する。なぜなら、共産主義革命は、社会の中でもはや階級とみなされず、階級としては承認されていない、今日の社会の領域内ですでに階級や国民性等々の一切の解消を体現している、そういう階級によって遂行されるからである。そして、この共産主義的意識の大衆的規模での創出のためにも事柄そのものの完遂のためにも、大衆的規模での人間変革が必要である。大衆的規模での人間変革は実践運動のさなかでのみ、革命においてのみ、進捗しうる。それゆえ、革命は、他の仕方では支配階級が打倒されえないという理由で必要なだけでなく、打倒する側の階級が革命のさなかでのみ、旧い（ふるい）残渣（ざんさ）をわが身から一掃して社会の新たな礎石を築く能力をもてるようになる、という理由からしても必要なのである。」（私が最初に読んだのはアドラツキー版であったが、これは廣松渉版。廣松渉編訳・小林昌人補訳『新編輯版ドイツ・イデオロギー』岩波文庫、二〇〇二年刊、八三〜八四頁）

私は、これに感動したのである。この新版で「共産主義的意識の大衆的規模での創出」と訳されているところは、「共産主義的意識の大量的産出」と訳されていた、という記憶である。このことが、「大衆的規模での人間変革は実践運動のさなかでのみ、革命においてのみ、進捗しうる」、と書いてあることに、私は「まさにそうだ！」と思ったのである。「そうだ！革命においてのみ、なんだ！」と。私は、まわりのみんなの意識を変革することに苦しんでいたからである。

だが、その数か月後に読んだ『現代における平和と革命』では、黒田寛一は、「疎外された大衆を変革し組織化し動員することこそが、問題なのである」、と書いていた。そうなのか。しかし、考えてみれば、そうだ。われわれは、疎外された大衆を変革し組織化し、革命に動員しなければならないのである。われわれは、革命までは小さな集団でいて、革命の勃発を待っているわけにはいかないのである。ほとんどすべての人間を、新社会を建設する能力をもつまでに変革するのは、革命においてのみ実現しうるのだとしても、われわれは、疎外された大衆を大規模に変革し組織して、これを基礎に革命を実現しなければならないのである。

重い荷だ。私は、こう感じた。しかし、やるしかない。

これが、われわれのなすべきことだ、よし、やろう、と私は思ったのである。もう何十年も前のことである。そして、いまの思いである。

二〇二四年五月一日

〔6〕 自己の能力をたかめるということについて

私がいま言っているところの、組織成員である自己の能力をたかめるのだ、ということを、従来言われてきたところの、組織成員である自己の誤謬や偏向を克服する、ということとは異なるものとしてつかむのは、なかなかむずかしいように思われる。

そこで、いろいろと考えたい。

スポーツ選手と類推して考えよう。

スポーツ選手である自己に、走るときに上半身が左右に揺れる欠陥がある、とコーチに指摘されたとする。この欠陥は、自己の走り方に誤謬や偏向がある、というように捉えて、正しい走り方に直す、というようなものではない。この欠陥は、自分に筋肉が足りず、体幹がしっかりしていないことにもとづくのである。この自分の現状を突破するためには、下半身だけではなく上半身にも筋肉をしっかりとつけ、体幹を鍛えなければならないのである。

スポーツ選手は自分が他の選手に勝たなければならないので、みんなやっていることなのであるが、これは、われわれが自己の誤謬や偏向を克服する、と言ったときにイメージするものとは、少しばかり異なるのである。私が言いたいのは、スポーツ選手の自己の鍛え方のようなもののわれわれ版なのである。このスポーツ選手の努力に比すれば、われわれが従来やってきたことは、走り方を工夫して変える、というようなものに堕していた、ということになるのである。

あるいはまた、昔の剣豪が新たな術をあみだすときのことを考えよう。これは、漫画で見た知識にすぎないのであるが。

この剣豪が、どんな相手よりも一瞬早く相手を一刀のもとに切っておとす刀の振り方をあみだそうとする、としよう。これは、——百戦錬磨の経験にもとづいて——そういうすばやい刀の振り方を創意的にあみだす、ということによってできるわけではない。この剣豪は、創意的に新たな刀の振り方を考えるならば、そのように刀を振ることができるだけの筋肉を自分自身につくることからはじめるのである。刀は重い。新たなかたちで刀を振るためには、自分がこれまでもっていなかった筋肉を自分に新たにつくらなければならないのである。刀を、それがまったくぶれることなく高速で振らなければならない。もしも自分がすでにその筋肉をもっているのだとするならば、あみだそうとしたものは新たな術ではないのである。この剣豪は、自分が創意的に見いだしたかたちで刀を振る訓練を一日何百回とやり、これを毎日毎日くりかえすのである。——こういう絵が描かれてあった。

こういう剣豪の訓練のわれわれ版をわれわれはやらなければならない、と私は考えるのである。そうでなければ、やり方を変える、あるいは、方針を変える、というように発想してしまうことになる、と私は思うのである。

昔の剣豪もこれだけの自己訓練をやったのだから、革命のために労働者たちを変革するわれわれは、これを超える自己訓練をやらなければならない、と私は思うのである。

われわれのばあいには、自分にないどんな能力を自分に新たにつくりださなければならないのかが見えにくいのである。自分にはそういう能力がないので、自分にそういう能力をつくりだし、それをたかめなければならない、ということが見えないのである。そういう能力というものが存在するということそれ自体が見えないのである。自分には、自分にある能力しか見えないからである。このゆえに、あらたなやり方を覚えたり、新たな方針を組織的にねりあげたりするならば、いまのままの自分でそれをなしうるかのように思いこんでしまうのである。こうして、新たなやり方を体得しようと努力したり、方針を確認することに重点をおいたりすることになるのである。

そうではなく、われわれは自分自身にあらゆる能力をつくりだし、それをたかめなければならない、と私は考えるのである。

二〇二四年五月二日

〔7〕 労働組合は単なる活動の場ではない。自分が組合員全員の心を鷲づかみにすることが大切である

われわれはこれまで、「われわれはわれわれのおいてある場において」とか「われわれはわれわれが活動している場において」とか「われわれは労働運動の場面において」とか、あるいはまた「既成の労働組合

を」とか「そこ存在する労働運動を」とかというように論じてきた。

しかし、われわれの闘いの現在的地平にたって考えると、この表現はどうもそぐわない。労働組合は、既成の労働組合ではなく、われわれが強化してきた労働組合であり、労働運動は、そこ存在する労働運動ではなく、われわれが創造してきた労働運動なのだからである。そして、この労働運動および労働組合は、たんに、われわれのおいてある場とか、われわれが活動する場とかというのではなく、われわれが創造し現にいまみんなでたたかっている労働運動なのであり、われわれが強化し現にいまみんなで団結しあっている労働組合なのだからである。

「われわれはわれわれが創造してきた労働運動をさらによりいっそう変革していくために組合役員あるいは組合員として」とか「われわれはわれわれが強化してきた労働組合をさらによりいっそう強化していくために組合役員あるいは組合員として」とか、あるいはまた「われわれは自分がそれの一員である労働組合において組合役員あるいは組合員として」とかというように表現しないことには、そぐわないのである。

われわれは、組合役員である自分が組合役員および組合員の全員を掌握するのである。「心を鷲づかみにする」という表現がある。この言葉をつかえば、われわれは、組合役員である自分が組合役員および組合員の全員の心を鷲づかみにするのである。われわれは組合役員として、組合役員および組合員のそれぞれに、愛情と信頼をもって、その人の変革のために接し論議しともにたたかうのである。このようにして、われわれは、労働組合の団結を強化し、共産主義的意識を大衆的規模において創出していくのである。

これが、この間のわが仲間たちの闘いの教訓である。

このことは、労働組合のない職場でたたかっているわが仲間たちのばあいも同じである。しかし、まったく同じ論理でもって語る、というわけにはいかない。

「われわれはわれわれのおいてある場たる自分の職場で一労働者として」というならばスムーズに頭に入ってくるのであるが、これは、職場は労働者がみずからを組織した団結形態ではないからである。職場の労働者たちは、会社の組織として資本によって統合された労働者であるからである。このことに規定されて「一労働者として」ということは、「組合役員あるいは組合員として」ということとは異なった意味合いをもってくることになる。これは、そのままでは「資本によって統合された一労働者」という意味になってしまうからである。

私は、以前に「透明な箱」ということを言ったことがある。職場の労働者たちは会社組織の一員なのであるが、われわれは労働者仲間として、構成実体としては同じ労働者たち全員を、弱いものであれ労働者的な意識をもつかたちでまとめあげる必要がある、われわれがまとめあげたところのものは組織形態をなさず見えないので、「透明な箱」のようなものだ、ということである。「一労働者として」ということは、「この透明な箱の一員である一労働者として」という意味である。

われわれが職場の労働者たちをゆるやかにまとめあげたところの「透明な箱」のようなものは、われわれが創造したものなのであるからして、これを「われわれのおいてある場」と呼ぶのはそぐわないのである。

われわれは自分が一労働者として職場の労働者たち全員を掌握するのである。われわれは一労働者として、職場の労働者たちそれぞれに、愛情と信頼をもって、その人の変革のために接し論議しともにたたかうのである。このようにして、われわれは、職場の労働者たちの労働者的団結をかちとり、共産主義的意識を大衆的規模において創出していくのである。

二〇二四年五月七日

〔8〕掌握する＝抱きかかえる＝労働者的信頼でむすばれる

私は、労働組合を「場」と呼んだり、「既成の労働組合」と言ったりするのはそぐわない、と書いた。そして、「われわれは、組合役員である自分が組合役員および組合員の全員を掌握するのである」と書いた。この「掌握する」というのも、私の思いにぴったりしたものではない。「心を鷲づかみにする」というのも、自分と組合員との個別的な関係のようなイメージがしてしまう。われわれは、組合役員である自分が組合員の全員を抱きかかえるのだ、と言語的に表現して、自分が抱きかかえている姿を頭のなかに描けば、イメージがわくだろうか。自分をふくめてみんなは、労働者的信頼でむすばれているわけである。

「われわれは労働組合においてイニシアティブを発揮するのだ」と言っても、「われわれは労働組合にわれわれのヘゲモニーを貫徹するのだ」と語っても、私はそぐわない気がするのである。いずれの表現であっても、労働組合がわれわれの外側にある、という気が私にはするのである。われわれは、自分がすべての組合員に、そのメンバーの人間そのものを階級的に変革するために、労働者的信頼をもって接し論議しともにたたかうのである。このことを私は、「われわれは自分が組合員全員を掌握するのだ」、と表現したのである。

以上のことは、組合のない職場でわれわれが職場の労働者全員に働きかけるばあいにも、同じである。さらには、われわれが何らかの大衆的団体において活動するばあいにも、同じである。

二〇二四年五月八日

〔9〕「掌握する」の二つの意味

「われわれは自分が組合役員として組合員全員を掌握しなければならない」と言ったときには、この「掌握する」は二つの意味をおびてくる。その一つは、「組合員のそれぞれが何をどのように感じ・どのような気持ちになり・何を考えて・どのように行動し活動しているのか、ということを、自分はつかまなければならない、すなわち、認識し把握しなければならない」、という意味である。もう一つは、「それぞれの組合員の心を自分はつかまなければならない」、という意味である。すなわち、「自分は組合員たちを信頼し・組合員たちから信頼されなければならない」、「自分は、組合員の全員が労働者的信頼でむすばれるようにしなければならない」、という意味である。

これは、自分が組合のない職場でたたかっているばあいも同じである。

なお、「われわれが自分の職場でその労働者たちの全員を組織して結成した労働者評議会は、職場の生産諸手段を掌握しなければならない」、と言ったばあいには、この「掌握する」は右記のこととは意味が異なる。これは「自分のものにする＝所有する」という意味である。各級の産業別的業種別的の労働者評議会および地方別的地区別的の労働者評議会は自己のもとにある生産諸手段を掌握する＝所有するのであり、これらの労働者評議会が全国的かつ全産業的に統一された労働者評議会・すなわち・プロレタリア国家権力はすべての生産諸手段を掌握する＝所有するのである。

二〇二四年五月一二日

〔10〕 将来からの逆限定

われわれは自分が組合員全員を掌握するのだ、ということは、将来から逆限定して考えたばあいにはきわめて重要である。これは、自分が組合のない職場でたたかっているばあいにも同じである。

将来とは、一定の情勢のもとで、われわれが自分の職場で労働者全員を組織して労働者評議会を結成するときである。われわれは、労働組合員全員および職場の労働者全員を掌握する闘いを不断におしすすめていないことには、そして職場に党細胞および左翼フラクションを創造していないことには、いざ労働者評議会を結成しようとしてもその組織的力量が欠如している、ということになってしまうのである。

あくまでも、共産主義的意識の大衆的規模での創出が必要なのである。

二〇二四年五月一二日

六　創造の論理

〔1〕労働組合に所属している党員の活動の三形態

こういうように考えるのはどうだろうか。

わが党は党として活動する。これが、党の独自活動である。わが党員が独自に活動するばあいも同じである。また、党は党として、党員は党員として、大衆的な場面において、党の諸理論・諸見解にかんする独自の宣伝をおこない、また当面する闘いへの決起を呼びかける。

職場に実存する党員は、職場の諸条件のもとで労働組合に加盟したり、党員が労働組合を結成したりする。同時に労働組合に所属しているところの党員の活動は三つの形態をとる。

第一。私は組合に所属しているところの党員である。党員であるこの私は党員として活動する。これが、第一番目の活動の形態であり、独自活動とよばれる。

第二。党員であるこの私は同時に組合に所属している。組合においては、党員であるこの私は組合員である。したがって、党員であるこの私は、同時に組合員である党員として活動する。これが二番目の活動形態であり、グルーピングの活動やフラクション活動という形態をとる。

第三。それとともに、党員であるこの私は、同時に党員である組合員として活動する。これが三番目の活動形態であり、独特な職場闘争や独特な組合活動をなす。

——こういうように考える、ということである。どうだろうか。

二〇二四年五月一三日

〔2〕反戦・軍備増強反対・生活苦突破・搾取反対の一大運動をまき起こそう！

反戦・軍備増強反対・生活苦突破・搾取反対（大資本による搾取と収奪反対）の労働組合・組合のない職場の労働者たち・勤労者・学生の一大運動をまき起こそう！

二〇二四年五月一四日

〔3〕「われわれのおいてある場」とは？

われわれは、「われわれ主体の、そのおいてある場に規定された規定性の転換」というように論じてきた。「党員としての党員」「組合員としての組合員」「党員としての党員」というのが、それである。この「われわれのおいてある場」という表現はどうなのであろうか。

いろいろと考えているのであるが、「われわれのおいてある場」と言ったばあいには、それがさすべきものとするのは、労働組合あるいは労働運動ではなく、職場ではないだろうか。また、「大衆運動の場面」とか「労働運動の場面」とかとわれわれは言ってきたのであるが、「場面」という用語をつかうばあいには、こういうように言うのではなく、「職場集会の場面」とか「組合の会議の場面」とか、あるいはまた「大衆的な場面」とかというように、もっと具体的に言わなければならないのではないだろうか。(「われわれが活動している場」と言ったばあいには、それは、職場か、組合の種々のとりくみの場面かをさす、とすべきであろう。)

このことを考えるまえに、「われわれのおいてある場」という表現と「われわれのおいてある場所」という表現とを考えよう。右記のような具体的問題を考察するばあいには、「われわれのおいてある場」という表現が適切であり、「われわれのおいてある場所」という表現はそぐわない、と私は感じる。「われわれのおいてある場所」という表現は、実践論一般すなわち哲学的人間論（われわれ人間主体と客体たる対象的自然との二実体を措定して論じるレベル）を展開するばあいに限定したほうがよいように思われる。もちろん、われわれとわれわれが変革する対象をなす組合員たちとを図で描き、これを四角の線でかこんで、「これが場所だよ」と説明するときは、これでいいわけである。これは、具体的な問題をわれわれの実践論を適用して説明しているものだからである。

ようするに、具体的な問題について具体的に論じる論述においては「場」という表現をつかったほうがよい、と私は感じる、ということである。したがって、以下では「場」という表現をもちいる。

もとにもどる。労働組合は労働者が結成した組織である。労働運動はこの労働組合が展開している運動である。党員であるこの私が労働組合に所属しているばあいには、党員であるこの私は、労働組合では組合員である。党員であるこの私は同時に組合員である、こういうことがらをわれわれは論じなければならないのであって、労働組合あるいは労働運動を「われわれのおいてある場」と規定すべきではない、と私は、今日的に感じるのである。こういうように規定すると、われわれが強化しなければならない労働組合や労働運動を、それにもかかわらず客体化してしまう、という印象を私はうけるのである。

労働組合あるいは労働運動を念頭において「われわれのおいてある場に規定された」というように論じるのは、社共（社会党・共産党）既成指導部によって牛耳られた労働組合および労働運動という諸条件のもとでたたかってきた同志たちの実践を理論化する、という歴史的限界性をもったものとしてわれわれは考えるべきではないか、と私は思うのである。

わが同志たちが組合役員として労働組合を掌握するという主客諸条件のもとでの実践の理論化にかんし

ては、右の規定をあらためる必要がある、と私は考えるのである。

では、「われわれは自分のおいてある場をなす職場」というように考え、「を変革するために」というようにわれわれの目的を明らかにすることにかんしてはどうか。「職場を変革するために」ではおかしい。職場の何を、ということを規定しなければならない。「われわれは自分のおいてある場をなす職場の階級的現実を変革するために」としなければならない。

この「階級的現実」という表現は英語には訳せないらしい。「階級闘争の現実」としないことには意味の通じる英語にはならないそうである。これについては春木良同志に考えてもらう以外にない。日本語で「職場の階級闘争の現実」と表現すると現実離れしたものになってしまう。したがって、ここでは「職場の階級的現実」という表現をつかうことにする。

しかし、「職場の階級的現実を変革するために」とすると、そのまえの「自分のおいてある場をなす」というのとうまくつながらない。「自分のおいてある場をなす職場の階級的現実」となり、階級的現実を「場」と規定することになってしまい、階級的現実を客体化している印象をうけるからである。この印象を避けるためには、「われわれは自分のおいてある場をなす職場、その階級的現実を変革するために」と表現しなければならない。

とはいえ、これではまどろっこしい。職場の階級的現実は自分が自分の実践によってつくりかえてきているものなのであるからして、こういう具体的な問題を論じるときには、「のおいてある場」という・実践論一般の出発点を論じるときにつかう表現をやめてしまい、「われわれは自分がつくりかえてきている職場の階級的現実を変革するために」と表現するのがふさわしい、と私は感じるのである。

私はこういうように考えるのだが、どうだろうか。

二〇二四年五月一八日

〔4〕プロレタリア階級闘争を創造しよう！

いまや、大変な時代に突入した。戦争と搾取とナショナリズムの洪水だ。

ふたたび、訴える。

反戦・軍備増強反対・生活苦突破・搾取反対（大資本による搾取と収奪反対）の労働組合・組合のない職場の労働者たち・勤労者・学生の一大運動をまき起こそう！

プロレタリア階級闘争を創造しよう！　われわれはプロレタリア階級闘争を創造するのだ！　われわれがプロレタリア階級闘争を創造するのだ！

がんばろう！　ともにたたかおう！

二〇二四年五月二〇日

〔5〕われわれの実践を理論化するさいに「大衆運動」という概念をつかい「階級闘争」という概念をつかわなかったのは？

われわれは、これまで、われわれの実践を理論化するさいに、「大衆運動」あるいは「大衆闘争」という概念をつかい、「階級闘争」という概念をつかってこなかった。これはなぜなのだろうか。この疑問が私にうかびあがってきた。

「運動づくりと組織づくりの弁証法」というばあいには、この「運動づくり」とは「大衆運動づくり」をさし、「組織づくり」とは「前衛党組織づくり」をさす。「闘争論」というばあいには、「大衆闘争論」と「革命闘争論」とをさす。私は、われわれの内部論議をとおして、階級闘争論（プロレタリア階級闘争論）という新たな理論領域を切り拓くべきことを提唱してきたのであったが、このことからそれ以前をふりかえり、「階級闘争」という概念をつかわずに「大衆運動」あるいは「大衆闘争」という概念をつかってわれわれの実践の理論化を追求してきたことを、私は不思議に感じたのである。

「運動づくりと組織づくりの弁証法」の「運動づくり」をプロレタリア階級闘争の創造というように考えるならば、プロレタリア階級闘争の創造と前衛党組織づくりとはまさに弁証法的構造をなすのではないだろうか。

前衛党組織を創造し強化し確立するというわれわれの組織戦術を、プロレタリア階級闘争を創造するわれわれの闘いに貫徹した形態がわれわれの組織活動の三形態なのであり、われわれが――このなかの二番目の――フラクション活動を展開することをとおしてフラクションやグループやまた学習会を創造し組織するのだ、ということができる。

二〇二四年五月二〇日

〔6〕「われわれはプロレタリア階級闘争を創造するために」と表現するのがいいのではないか

私は〔3〕において、「『われわれは自分がつくりかえてきている職場の階級的現実を変革するために』と表現するのがいい」と書いたのであったが、これにとどまることなくさらに、以上の考察に立脚して、われわれが自分の職場や労働組合で闘いを創造してきている現段階においては、「われわれはプロレタリア階級闘争を創造するために自分の職場・労働組合では」と表現するのがいいのではないだろうか。われわれの実践的立場を言い表すばあいには、「われわれは、プロレタリア階級闘争を創造する、という実践的立場にたって、自分の職場・労働組合では」、というように、である。

われわれには「創造の論理」と創造性と創意、飛躍する力が必要だ、と私は思うのである。

二〇二四年五月二〇日

〔7〕 共産主義者＝革命家をつくるためには、自分が新たな格段の能力を獲得しなければならない

われわれは、左翼フラクションのメンバーたちを共産主義者＝革命家に育てあげるためには、自分自身が新たな格段の能力を獲得しなければならない。

われわれが「労働力を商品として売らなければならないことを廃絶するのだ」「賃金制度を撤廃するのだ」と言って、左翼フラクションのメンバーたちが「そうか」と目をかがやかせても、彼らは、われわれが「貨幣そのものをなくすのだ」ということを言っているのだ、ということは、想像だにできないのである。

われわれは、「われわれは貨幣をなくすのだ。プロレタリア国家は経済計画を立案し、労働者評議会は生産を直接的に管理するのだ」、ということをいろいろと説明して、彼らのイメージをわかせなければならないのである。

われわれは、「労働者的団結」というような・彼らがいまもっている武器――われわれが彼らと実践上の問題をめぐっていろいろと論議することをとおして彼らが獲得し今もっている武器――、この武器を駆使すればわかることを言うのではない。われわれは、彼らがいまもっている武器ではわからないことを言うのである。われわれは、彼らに、いまの自分ではわからないことをわかるようにする・新たな能力を獲得

させるのである。

われわれは、左翼フラクションのメンバーたちに新たな創造の意志とパトスと能力を獲得させるためには、自分が自分を見せなければならない。自分はこのように生きることを意志しているのだ、みんなもそうしようじゃないか、と呼びかけ・うながさなければならない。いまの彼らで理解できることを言うのではないのである。われわれは、彼らに、彼らには思いもよらなかった、想像もできなかった・自分と自分の生き方をしめし、彼らのうちに「〇〇さんのようになりたい。〇〇さんのようになるのだ」、という意欲と意志を創造しなければならない。

私はこう思うのである。

ここで、生き方ということが問題となる。労働組合の役員をやっているというかぎりでは、組合活動に時間がとられ、収入が低いということでは違いがあれ、生き方としては他の労働者と違いはないのである。革命運動をやるとなると、生き方が決定的に異なる。自己を訓練する、自己を鍛える、自己をたかめることに励む、ということが決定的に異なるのである。

この自己訓練の、自己変革の意志を彼ら左翼フラクションのメンバーのうちに創造することが決定的に重要なのだ、と私は思うのである。

われわれは、彼ら左翼フラクションのメンバーたちと、自分はどんな生き方をするのか、どんな生活をするのか、ということをも論議しなければならない。われわれは、こういうことを論議する能力を自分自身が獲得しなければならない。こう、私は思うのである。

二〇二四年五月二二日

〔8〕『組織論序説』では「大衆運動」ではなく「プロレタリア階級闘争」という概念がつかわれていた

黒田寛一は『組織論序説』（こぶし書房、一九六一年刊）では、「大衆運動」という用語を否定的な展開の脈絡でつかっていた。次のように、である。

「大衆運動のつみかさねや階級闘争の激化などによって革命的情勢がうまれるであろうと考えるのは、大衆運動一辺倒主義者の幻想にすぎない。」（二九四頁）

これに反して、実践の理論化を積極的におこなうときには、彼は、「プロレタリア階級闘争」という概念をつかっていたのである。したがって、彼は、ほとんどすべてを、この概念をつかって論述していたのである。次のように、である。

「現代におけるプロレタリア階級闘争の推進母胎をなす前衛組織は、まさにそれゆえに、たんなる政治組織につきるわけではない。それは、既成諸組織の内部における分派闘争と不断の階級闘争を通じてプロレタリア党を創造してゆく実体的基礎であるばかりでなく、いやそうであるがゆえに同時に、自己の物化に無自覚な賃労働者が自己実存の本質を、その世界史的使命を階級的に自覚した革命的プロレタリアとして主体的自己形成をなしとげ、さらに共産主義的人間への自己脱皮をかさねてゆくための場でもなければならない。革命的実践に媒介されたプロレタリア的人間への変革の場とならなければならないものこそが、まさしく革命的前衛組織なのである。」（二八一〜二八二頁――傍点は原文）

ここでは、まさに、プロレタリア階級闘争の推進とプロレタリア党組織づくりの弁証法が、あざやかに展開されているのではないだろうか。

この『組織論序説』の論述は、倉川篤（松崎明）の実践を理論化したものである、と言ってよい。そういうものであるこの書では、「プロレタリア階級闘争」という概念がつかわれ、こののちの、倉川篤（松崎明）の実践を「ケルン主義」と批判した書では、この概念に代わって「大衆運動」「大衆闘争」という概念がつかわれているということは、なにごとかを暗示しているのではないだろうか。

二〇二四年五月二二日

〔9〕プロレタリア階級闘争づくり＝党組織づくりの実体的構造の解明

これまでの考察にもとづいて、われわれは、われわれの実践の指針および諸活動の解明にかんして、「大衆運動」「大衆闘争」という概念をもちいるべきではなく、「プロレタリア階級闘争」「階級闘争」という概念をつかうべきである、と言いうる。したがってまた、「われわれは大衆闘争を左翼的あるいは革命的に推進する」というように問題をたてるべきではなく、「われわれはプロレタリア階級闘争を創造し推進する」

というようにアプローチすべきである、と言える。

このばあいに、「労働運動」とか「学生運動」とかという概念をもちいるのはかまわないであろう。この概念は、運動の主体が「労働組合」ないし「労働者」であること、またそれが「学生」であることをあらわす概念であるからである。

この概念をつかって論じるばあいに、「……を左翼的あるいは革命的に推進する」とすべきではない。われわれにとっては、労働運動や学生運動それ自体を左翼的あるいは革命的に推進することが問題なのではなく、これらの運動を、その担い手をプロレタリア的主体として創造するかたちにおいて組織し推進することが問題なのだからである。したがって、われわれは労働運動を、その担い手をプロレタリア的主体として創造するかたちにおいて、組織し推進する、というように、われわれは論じるべきである。同様に、われわれは、職場での闘いを、地域での闘いを、そして学生運動を、その担い手をプロレタリア的主体として創造するかたちにおいて、組織し推進する、というように、われわれは論じる必要がある、と言える。

では、われわれがいま労働組合や職場において創造し強化してきているところの、左翼フラクションとよんでいる組織については、これを、われわれはどのように明らかにすべきなのであろうか。左翼フラクションとよんでいるものは、プロレタリア階級闘争を創造し推進するための組織であり、それ自体、前衛党組織＝党細胞の端緒的形態をなす、と言いうる。われわれは、この組織において、実践上の問題をめぐって論議しつつ、その成員たちを、プロレタリア的主体として変革し、プロレタリア革命の実現のために奮闘することを決意しマルクス主義を主体化した共産主義者へと鍛えあげていくための思想闘争を展開するのである。

われわれは、同時に組合員である党員として活動すること、すなわちフラクション活動を展開することによって、左翼フラクションを創造し強化するのである。

われわれは、わが党員として活動すること、すなわち独自活動を展開することをとおして、左翼フラクションのメンバーたちを党員にたかめ、党細胞そのものを創造するのである。もちろん、そのためには、われわれは、このメンバーたちを、自己反省することができ、労働者たちや同志たちを変革する思想闘争をなしうる能力をもった主体へと独自的に鍛えあげなければならない。このようにわれわれが彼らを鍛えあげていくための活動は、われわれが党員として遂行する活動、すなわち独自活動なのである。

以上のようなことがらの解明は、『日本の反スターリン主義運動　2』で展開されている「組織現実論」、その「運動＝組織論」を適用することによってはなしえない。それは、この理論の適用限界をなす。私は、少し前までは、われわれの諸活動の解明にかんしては、運動＝組織論を現実の下向分析に適用することをとおして可能である、と考えていた。しかし、そうはいかない、ということがわかった。「運動＝組織論」とは「大衆運動づくり＝党組織づくり論」なのであるが、われわれは、「大衆運動づくり」ではなく、プロレタリア階級闘争を創造しなければならないのであり、プロレタリア階級闘争づくり＝党組織づくりの実体的構造を解明しなければならないのだ、ということを私は自覚したからである。他面から言うならば、われわれの実践の解明と総括にかんする同志たちとの論議をとおして、従来的な感覚と『反スタ　2』の諸規定・論述を適用していたのでは、革命的フラクションの固定化傾向、すなわち党細胞を創造できない欠陥がどうしてもうみだされてしまう、ということを私は自覚したからである。

『反スタ　2』の論述にかんしては、その諸規定が明らかにされた物質的基礎をなすベトナム反戦闘争の学生戦線での組織化、このわれわれの実践に十全に妥当する特殊理論というように考えるべきである、と現在的に私は思うのである。

われわれは、われわれがプロレタリア階級闘争を創造し推進するための理論を明らかにしなければならないのである。そのために、われわれは、一方では、プロレタリア階級闘争を創造し推進するわれわれの実践の指針を解明する、すなわちわれわれの闘争＝組織戦術を解明する、というようにアプローチしなければならない。この解明は、プロレタリア階級闘争の指針論、「闘争＝組織戦術論」として明らかにされる。われわれは、他方では、プロレタリア階級闘争を創造し推進すると同時にわが党組織を創造し強化するわれわれの諸活動を解明する、すなわちプロレタリア階級闘争づくり＝党組織づくりの実体的構造を解明する、というようにアプローチしなければならない。この解明は、プロレタリア階級闘争づくり＝党組織づくり論、簡略に言えば「階級闘争＝組織論」として明らかにされる。この「階級闘争＝組織論」にかんしては、われわれはこれをプロレタリア階級闘争の指針の解明にも適用しなければならない。この指針は、「闘争＝組織戦術」をなすからである。

われわれは、われわれが自分の所属する労働組合の役員あるいは組合員としてうちだす・組合がとるべき運動＝組織方針（組合運動づくり＝組合組織づくり方針）を、プロレタリア階級闘争を創造し推進するためのわれわれの実践の指針として、すなわちわれわれの闘争＝組織戦術の内容として解明するのである。

私は、このように考えるのである。

こう考えるのでどうだろうか。

二〇二四年五月二四日

〔10〕革命的フラクションと前衛党組織＝党細胞とのあいだに万里の長城が築かれた

黒田寛一の『組織論序説』（こぶし書房、一九六一年刊）での次の文章をもう一度見よう。

「現代におけるプロレタリア階級闘争の推進母胎をなす前衛組織は、まさにそれゆえに、たんなる政治組織につきるわけではない。それは、既成諸組織の内部における分派闘争と不断の階級闘争を通じてプロレタリア党を創造してゆく実体的基礎であるばかりでなく、いやそうであるがゆえに同時に、自己の物化に無自覚な賃労働者が自己実存の本質を、その世界史的使命を階級的に自覚した革命的プロレタリアとして主体的自己形成をなしとげ、さらに共産主義的人間への自己脱皮をかさねてゆくための場でもなければならない。革命的実践に媒介されたプロレタリア的人間への変革の場とならなければならないものこそが、まさしく革命的前衛組織なのである。」（二八一～二八二頁——傍点は原文）

ここに言う「前衛組織」は、松崎明が創造した学習会をさしていた。

黒田寛一は、『日本の反スターリン主義運動　2』では、この「前衛組織」を、革命的フラクションと前衛党組織＝党細胞とに分化し、「革命的フラクションは大衆運動づくりと党組織づくりとの接点の実体をなす」というかたちで、大衆運動づくりというもの（プロレタリア階級闘争の創造と推進にとって代えたところのそれ）を設定することによって、革命的フラクションと前衛党組織＝党細胞とのあいだに万里の長城をきずいてしまった。こうして、革マル派組織建設においては、革命的フラクションのメンバーたちの長期＝終身的固定化がうみだされ、党細胞は創造されることなく、党の労働者組織は労働戦線担当常任メンバーが代行することとなったのである。

松崎明が創造した学習会については、したがってまたフラクションについては、これを、前衛党組織＝党細胞の端緒的形態をなす、というように理論的に基礎づけるべきであった、といわなければならない。

二〇二四年五月二五日

〈11〉革マル派の組織成員にとってプロレタリア世界革命とは何であったのか

革命的フラクションのメンバーたちやマル学同員・全学連フラクションのメンバーたちにとっては、いや常任メンバーたちにとってさえも、プロレタリア世界革命とは何であったのか。それは、自分がそれを実現するためにどうするのか、というように考えるものではなく、日本共産党の大衆運動の方針への批判において、「その根拠は修正資本主義路線にある」というように暴露するときに、頭に浮かぶか浮かばないかという程度のものであり、また、たまにもたれることもあった・レーニンの『二つの戦術』やトロツキーの『結果と展望』の学習会で思いおこすものであり、さらに黒田寛一の著書のなかにでてくる「共産主義的人間の共同社会」や「永遠の今」をおのれの心の支えにする、というようなものであったのではないだろうか。総じて、プロレタリア世界革命を実現するためにこの私は何をどうすればいいのか、というように思い悩み苦しみ思索したものではないのではないだろうか。

このことは、黒田寛一が『組織論序説』から『日本の反スターリン主義運動　2』へと飛躍したときに、「運動づくりと組織づくりの弁証法」の「運動づくり」を「プロレタリア階級闘争の創造と推進」ではなく「大衆運動づくり」におき、松崎明を「ケルン主義」と批判して、「ケルン」＝「前衛組織」に代えて提唱したところの「革命的フラクション」と「前衛党組織＝党細胞」とのあいだに万里の長城をきずいたことに、根拠をもつのではないだろうか。

私は、いろいろと検討してきた今、このように感じるのである。

二〇二四年五月二五日

〔12〕　プロレタリア階級闘争を創造する、と発想するのではどうだろうか

われわれは、自分がプロレタリア階級闘争を創造していくためには、職場の労働者たちみんなの意識をたかめなければならない。そのためには、われわれは、職場でうみだされた問題や、社会的あるいは世界的に生起した問題について、職場の労働者たちのあいだで討論をまきおこしていかなければならない。労働そのものや労働の諸条件をめぐって苦しんでいる労働者仲間を助けるために、あるいは自分自身が助けてもらうために、われわれは、職場の労働者たちに訴えなければならない。

労働者仲間を助けるために、あるいは自分自身が助けてもらうために、そしてまた社会的に生起している悲惨な事態や勃発している戦争をくいとめるために、職場のみんなが意志表示しうるとりくみを、われわれは創意を発揮し工夫してあみだし、みんなに呼びかけていっしょにおこなうのである。みんながやれることをあみだすことが肝要である。それぞれの労働者が自分の意志をあらわせるようにすることが必要なのである。自分の意志をあらわすことは、職場の労働者みんなの実践である。みんなそれぞれの、自分自身の実践である。

この実践をめぐって討論をまきおこしていくことが重要なのである。この討論をとおして、相互に労働者的意識をたかめ、労働者的信頼をつくりだし、労働者としての団結を創造し強めていくのである。

われわれは、自分がつくりだしている左翼フラクション、その会議において、それぞれのメンバーのこのような実践を報告しあい、つきあわせ、いろいろと論議しほりさげていくようにしなければならない。

この論議を、「プロレタリア階級闘争を創造していくために、われわれはさらにどうしていけばいいだろうか」というように問題提起して、ほりさげていくのがいいのではないだろうか。そうすれば、左翼フラクションのメンバーたちは、自分の問題意識と目的意識をピッとはっきり定めて、自分の頭を、深めていく方向にまわしていくことができるのではないだろうか。

職場の労働者みんなが同じ方向をむいて意志表示するとりくみをおこない、左翼フラクションの会議においては、その構成員たちのこのとりくみの実践をめぐって論議してほりさげ、彼らをプロレタリア的主体として思想的にも組織的にも鍛えあげていくことが肝要である、と私は考えるのである。

二〇二四年五月二六日

七　「米・ソ核実験反対」の反戦闘争の理論化の検討

〔1〕「米・ソ核実験反対」のスローガンがゆきつかざるをえないものとは？

これまで考察してきたようなことがらを考えていると、私の頭には、どうしても、『ヒューマニズムとマルクス主義』における黒田寛一の次の展開がうかんでくるのである。

「「米・ソ核実験反対」——いま先進的な労働者や学生のあいだに着実に滲透しつつあるこのスローガンの革命性は、それが帝国主義ブルジョアジーからも、またそれに敵対すると称するスターリニスト官僚からも、憎悪の眼でみられているという事実からして明らかである。なぜなら、このスローガンは、帝国主義ばかりではなく同時にスターリニズムの本質そのものの暴露と打倒にまでゆきつかざるをえないところの、現代における革命的プロレタリアの戦術の結節的な一つの表現であるからだ。」（黒田寛一「ソ連核実験再開と革命的プロレタリアート」（一九六一年一〇月二四日）『ヒューマニズムのマルクス主義』こぶし書房、一九六三年刊、一四七頁）

この部分を読んだときに、私は、「米・ソ核実験反対」のスローガンそれ自体が、帝国主義ばかりではなく同時にスターリニズムの本質そのものの暴露と打倒にゆきつかざるをえないところのものをもっている、ということはないのではないか」、と感じたのであった。私には、この文面とともに自分のこの感覚が思い起こされてくるのである。

「このスローガンそれ自体が巨大なものをはらんでいる、とされているような気がする。戦術スローガンそれ自体に威力がもたせられている、と思える。しかし、われわれが、このスローガンのもとに反戦闘争に決起した労働者や学生とイデオロギー闘争を展開して、帝国主義ばかりではなく同時にスターリニズムの本質そのものをつかみとり・これを打倒することを意志するように彼らを変革しないことには、彼らがここにゆきつくことはないのではないか」、というのが、私の疑問であった。

私は、いま、この思いを強くするのである。

われわれは、反戦闘争に決起した労働者や学生をプロレタリア世界革命の主体へと変革するために、〈反帝・反スターリン主義〉世界革命戦略そのものにかんしてゴシゴシイデオロギー闘争をやらなければならない、と私は考えるのである。

フラクションを、大衆運動を左翼的あるいは革命的に推進するための母胎であると同時にそのメンバーを党員にたかめるためのイデオロギー闘争の場でもある、というように理論化したときには、フラクションにおいては、戦術の革命性をめぐって論議するとともに、そのような革命的な戦術をうちだすための組織現実論を彼らに主体化させる、というように想定されていたのではないか、という気が、私にはするのである。これでは、彼らは大衆運動を左翼的あるいは革命的に展開することの革命性という地平で頭打ちとなり、彼らを、プロレタリア世界革命を実現する主体たる共産主義者＝革命家へと変革することはできない、と私は思うのである。

われわれは、自分がプロレタリア世界革命をどのようにして実現するのか、というように考えなければならない、と私は考える。それは、たんに理論学習の課題であるのではない。それは、自分がどう実践するのか、という問題だ、と私は思うのである。

このことの考察は、「米・ソ核実験反対」などの革命的なスローガンが「ゆきつかざるをえない」というようなものではない、と私は思うのである。それは、自分が自分自身の実践の問題として深く考えぬかなければならない問題である、と私は感じるのである。

われわれは、戦術の革命性というようなまなこからいろいろなことがらを考えることが習慣になっていると、自分を超える問題や自分を超える考えに直面したときに、これを、自分にはないものだ、と感じることができずに、自分がすでにもっている枠組みにはめこむかたちで・現在の自分で理解できるようにちっちゃくして・つかむことになってしまう、と私は思うのである。こうすると自分自身の成長はなくなる、と私は考えるのである。

「米・ソ核実験反対」というスローガンにたちもどって考えよう。「全人類の平和」を希求する人たちは、このスローガンを「そうだ!」と思うのである。この人たちに、「スターリン主義者は、ソ連の核実験を擁護している。弾劾しよう」「ソ連のスターリン主義官僚を打倒しよう」といえば、彼らは「そうだ」と言うのである。彼らがこう言ったからといって、彼らはマルクス主義を主体化した、とは決して言えない。これらのことは、「人類平和」の立場にたって平和を希求するというまなこからうけいれ語ることができるものであるからである。彼らにマルクス主義者へと変革するためには、彼らとそれ独自のイデオロギー闘争をおこなうことが必要なのである。この闘いは生やさしいものではないのである。

自分がもっているものをそのままにしたうえで、その自分のまなこからいろいろな理論的なことを覚え語ることができるのだ、ということをわれわれは肝に銘じなければならない。自分がもっているものはそのままであり、そのまなこからものごとを見ているのだ、ということは、そのメンバーの実践を見ればわかるのだ、といわなければならない。どれだけ自己を訓練していないのか、どれだけ獲得していない能力があるのか、ということがわかる、ということである。私は、こう思うのである。

二〇二四年五月三一日

〔2〕「大衆運動のなかに物質化されている革命的組織を実体的基礎としている」「段階」の理論化

黒田寛一は、「米・ソ核実験反対」の反戦闘争は「大衆運動」であり、新たな「段階」を切り拓いたものであることを明らかにした。

「現段階における反戦闘争とは何か?」(一九六一年一〇月二七日)では次のように展開されている。

「「平和のトリデ」・「社会主義」ソ連邦というスターリン主義者どもの神話を大衆的基盤においてうちくだいていく運動として、「ソ連核実験反対」の運動は組織され展開されなければならない。それは直接には〈反帝・反スターリン主義〉の革命運動ではない。かかる戦略的課題を実現するための、その前提としての広汎な統一戦線的な基礎を創造するための大衆運動である。しかしながらそれは、平和共存戦略のもとにおしすすめられてきた現代の公認共産主義者やその同調者どもの「平和擁護運動」とは、本質的に異なる。」（黒田寛一『スターリン批判以後』（下）現代思潮社、一九六九年刊、三五七頁）

「ハンガリア革命の直後に開始されたわれわれの反スターリン主義運動は、「労働者国家無条件擁護」の自称トロツキストによるソ連核実験の是認にたいしても、革命的プロレタリアートの立場において、断乎としてたたかいつつ、「平和擁護運動から反戦闘争へ」というスローガンを一つの軸として開始されたのであった。そして五年後のこんにちソ連核実験の再開に直面させられたわれわれは、さらに強力に「米・ソ核実験反対」の運動を現実的運動として創造しなければならない。かつてのわれわれは平和擁護運動の小ブルジョア的限界の突破、「平和共存」戦略反対のイデオロギー闘争に当然のことながら局限されていたのであるが、こんにちのわれわれは、より高次の次元においてこの闘争を展開しうるのである。なぜなら、いまや日本の反スターリン主義運動は、たんなる宣伝・理論闘争の段階を止揚して、大衆運動のなかに物質化されている革命的組織を実体的基礎としているのだからである。この革命的共産主義運動の発展を促進するための現段階における主要なスローガンは、まさに「米・ソ核実験反対」であり、「米・ソ軍拡政策反対」であり、「破産した原水爆禁止運動と決別し、反戦インターナショナルを組織せよ」でなければならない。」（同前、三六二頁――傍点は原文）

ここでは、「米・ソ核実験反対」の運動を現実的運動として展開しうる、反スターリン主義運動の新たな段階が、明らかにされているわけである。

たしかに、「米・ソ核実験反対」の反戦闘争は「大衆運動」と規定する以外になく、「プロレタリア階級闘争」と規定するわけにはいかないであろう。しかし、「破産した原水禁運動と決別し、反戦インターナショナルを組織せよ」という指針は、原水協とは別の組織をつくるというものなのであり、原水協から組織的に排除された全学連の指針であって、総評傘下の労働組合に所属してたたかう戦闘的および革命的労働者たちの指針とはならないであろう。ここでは、全学連の指針と戦闘的および革命的労働者たちの指針とを区別しないで論じられているのである。学生運動ばかりではなく、反戦・平和の運動が党派的に分断されているものとして展開されているのである。

このことから捉えかえすならば、学生戦線での運動と労働戦線での運動とをひっくるめて「大衆運動」というように呼ぶことはしないで、新たな段階であることを規定するときには、「「米・ソ核実験反対」の運動を現実的運動として展開しうる」というように「現実的運動」という概念をもちいるにとどめて、学生戦線での運動およびその指針と労働戦線でのそれとを区別して論じる、ということも可能であったのではないだろうか。

「大衆運動のなかに物質化されている革命的組織」と言われているところの「大衆運動になかに物質化されている」というのは、何を意味するのかがよくわからない。「米・ソ核実験反対」という独自のスローガンを掲げた独自の大衆運動を展開しうるようになった、ということがきわめて重視されている、と思われるのである。このような独自の大衆運動の展開の仕方を、労働組合に所属してたたかう戦闘的および革命的労働者たちの闘いの仕方にもちこんだばあいには、きわめて大きな問題をうみだしてしまうことになる、といわなければならない。

二〇二四年五月三一日

〔3〕「「米・ソ核実験反対」のスローガンの革命性」という黒田寛一の思いの動力車労組の運動への貫徹

黒田寛一は『日本の反スターリン主義運動　2』（こぶし書房、一九六八年刊）で次のように書いた。

一九六五年に「合理化反対闘争が動力車労組によってたたかわれた。たとえこれらの闘いは挫折したとはいえ、この反合理化闘争のただなかでわれわれが提起した闘争目標と闘争内容の質的高さは記録されなければならない。「一人乗務反対！　ロング・ラン反対！」のスローガンをもってたたかわれたこの反合理化闘争」（一一三頁）、と。

黒田の内面には、「米・ソ核実験反対」のスローガンにたいしてそう感じたのと同様に、「一人乗務反対！ロング・ラン反対！」のスローガンにたいして、「このスローガンは」「現代における革命的プロレタリアの戦術の結節的な一つの表現であるからだ」という思いがわきおこっていたのではないだろうか。

黒田は、日本反スターリン主義運動は、イデオロギー闘争に局限されていた段階を脱して、「米・ソ核実験反対」の反戦闘争を大衆運動として展開しうる段階に達した、と確認した。この確認に立脚して、黒田は、動力車労組の反合理化闘争を大衆運動として展開しうるまでに、われわれの組織的基盤は確立したではないか、と松崎明に迫った。

だが、「米・ソ核実験反対」の闘いと動力車労組の闘いとのあいだにはこの同一性は成立しない。松崎明の闘いには、イデオロギー闘争に局限されていた段階というようなものはなかった。彼は最初から組合運動を展開し、わが組織を創造する闘いを展開していたのである。また、「米・ソ核実験反対」の反戦闘争を公然たる独自の大衆運動として展開したのは、党派的に分断されている学生戦線での全学連であった。松崎明は、動力車労組が総体として・大会決定にもとづいて・反合理化闘争に決起するように苦闘していたのである。松崎明と国鉄戦線のわが組織の闘いにかんしては、黒田の言う二段階区分は成立しないのである。そのような差異はないのである。大衆運動を展開しうる組織的力量をもったではないか、と黒田が松崎に迫ったことは、動力車労組内のわが組織は独自の戦術をもって独自の運動を展開せよ、と迫ったことを意味するのである。そのスローガンが「一人乗務反対！　ロング・ラン反対！」だったのである。――これは、実践的には、組合運動の分断を結果することになるのである。

こう言わなければならない。

二〇二四年六月一日

〔4〕黒田寛一が「戦術スローガンの革命性」をこれほどまでに重視するのはなぜなのか

「時間がかかる」

黒田寛一が「米・ソ核実験反対」――「このスローガンは、帝国主義ばかりではなく同時にスターリニズムの本質そのものの暴露と打倒にまでゆきつかざるをえない……」と言ったときには、どうも、相手としてスターリン主義者を念頭においているように思われる。もしも相手がごく素朴に「「米・ソ核実験反対」か。そりゃ、そうだ。俺も反対だ」、と応える即自的労働者であるならば、このように「ゆきつかざるをえない」というようには言えないからである。彼をして「スターリニズムの本質そのものの暴露と打倒にまでゆきつか」せるためには、彼を変革するための闘いを相当やらなければならないからである。

相手としてスターリン主義者を念頭においていると思われるのは、次のような展開もあるからである。

「今回のソ連核爆発実験の問題は、一九五六年のハンガリア革命と同様に、ふたたびすべての既成左翼を試練にたたせている。それに反対か否か？　それは革命的共産主義者とスターリン主義者との分岐点をなす。まさしくこのゆえに、「米・ソ核実験反対」の反戦闘争を強力に展開することは、代々木共産党第八回大会前後から強制されて発生した、腐敗と汚辱にみちたスターリン主義戦線の流動状況にとどめをさし、それをわが革命的共産主義運動の強化と拡大の方向に転換していく契機たらしめなければならない。」(「現段階における反戦闘争とは何か?」黒田寛一『スターリン批判以後』(下) 現代思潮社、三六二頁)

この当時のスターリン主義者であるならば、マルクス主義の諸文献をそれなりに学習しているといえるであろう。そのような彼らとイデオロギー闘争をどうやっていくのか、という問題になる。

実際には、当時のわが組織は、素朴な労働者や学生を広汎に「米・ソ核実験反対」の闘いに組織したのである。(奈良女子大学には、分派闘争時に二〇人のマル学同員がいた、ということである。二人の指導部がブクロ派にいっただけで、他のメンバーは「私の主体性をつくってくれなかった」と反発してすべて革マル派に結集した。しかし、一九六四年春に残っていたのは四人だけであった。) 彼らをどうマルクス主義者に変革するのか、ということが問題となるのである。

黒田が「戦術の革命性」を強調するのは、彼は、どうも、マルクス主義者=共産主義者へと早急に育てあげることができるのはほんの少数の学生であって、彼らを職業革命家にし、ほとんどの労働者や学生には革命的な戦術を主体化させ、あとは終生(学生は就職させて)、マルクス主義者=共産主義者をめざしてがんばらせる、という感覚を抱いていたからではないか、という気が私にはどうしてもしてくるのである。

どこかに、労働者をマルクス主義者=共産主義者に育てるにはそうとう時間がかかる、というようなことが書かれてあった。

われわれは、素朴な労働者をマルクス主義者＝共産主義者に早急に育てることができる

私は、そうは思わないのである。われわれは、バネのある素朴な労働者をマルクス主義者＝共産主義者へと早急に育てあげることができる、と思うのである。しかも、わが労働者同志が自分の職場や他の職場の労働者を、ということである。

われわれは、職場の労働者たちに職場での実践の意欲をつくりだし、彼らを組織して、一挙に左翼フラクションを創造しなければならない。そして、われわれは、左翼フラクションの会議において、みんなの実践をめぐって論議し、その実践の総括をほりさげるかたちにおいて、プロレタリア革命をどのようにして実現するのか、この革命の主体をどのようにして創造するのか、ということを論議するのである。これは、マルクスやレーニンやわれわれの本を学習するということではない。このような本は、読むべき課題として彼らにあたえて、自分で読ませるようにしなければならない。理論学習としてではなく、自分がどう実践するのか、という問題として、それを論議することが必要なのである。したがって、われわれは、自分が、実践上の問題をほりさげるかたちにおいて革命理論的なその内容を、その都度、A４一枚ぐらいの短い文章として書かなければならない。だから、われわれは、革命理論上のあらゆる問題について下向的に展開しなければならないのであり、展開する能力を自分が獲得しなければならないのである。

われわれは、プロレタリア革命の実現を、その主体の創造を、左翼フラクションとそのメンバーみんなの自分自身の実践の問題として論議することをとおして、彼らをマルクス主義者＝共産主義者へとたかめ

ていかなければならないのであり、そうできる、と私は考えるのである。

これを実現するためには、われわれは、自分自身の能力をたかめなければならない。自分にない能力を自分自身に創造しなければならない。

自分にないものを、自分にはないと自覚して、自分自身に創造するのは大変なのである。自分にはないことからして、それがない、とは、なかなか自覚しえないからである。

二〇二四年六月二日

〔5〕同志たちの実践や意見を自分の枠組みにはめこんで理解することを克服しよう

われわれは、同志たちの新たな実践や意見を、それを聞いて理解しようとしたときに、自分がすでにもっている枠組みにはめこんで理解しがちである。理解しよう、理解しよう、とすればするほど、そうなる。自分は理解してしかるべきだ、自分は理解できる、というように、暗黙のうちに思いこんでいるからである。

だが、報告されたのは、その同志が創意的にとりくんだ新たな実践なのである。提起されたのは、その同志がわれわれの実践上の限界を突破するために創意的に考察した新たな問題提起や理論展開なのである。したがって、それを聞いた自分にとっては、それは自分を超えるものなのである。そのままの自分では、それをつかみとることはできないのである。それをつかみとりわがものとするためには、それを聞いた瞬間に、われわれは、その同志を鏡として自己を否定し、それをつかみとる能力を自己に創造しなければならないのである。瞬間的にこれをなしえなかったときには、われわれは、相手の同志や他の同志たちに質問し、仲間たちの意見を鏡として自己省察し、提起されたものをつかみとる能力を獲得するために自己訓練をつみかさねなければならないのである。

同志たちの実践の報告や意見の提起に、このように自己否定的に対決するのはなかなか難しい。われわれは、ふつう、自分がすでにもっている枠組みをそのようなものとして自覚しないで、使い慣れた計量カップのように、何でもそれを基準にして測っているからである。

聞いた実践や意見を、これは自分を超えるものだ、とは気がつかないのである。自分がすでにもっている枠組みにはめこんで自分が理解できるものにつくりかえてつかみとるのである。聞いた実践や意見を、自分がすでにもっている枠組みにはめこんでしまうのである。これでは自分が成長することはないのである。

自分が自分の枠組みにはめこんでいやしないか、ということを気づくためには、同志が遂行した実践そのものや、同志がそれの克服のために思索したわれわれの実践そのものに、食らいつくことが必要である。同志から報告されたり提起されたりしたことを、自分が知っている理論的諸規定と対照して見たばあいには、これは、相手の同志を自分の枠組みにはめこんでいるのであり、はめこんで切り縮めているのである。同志の実践や提起を、自分が経験したもの（自分の実践や自分が見聞きしたもの）と近いものとしてイメージするのも、またそうである。自分がこのように頭をまわしていやしないか、とふりかえることが必要である。

何よりも、われわれは、自分を超えるものをつかみとる能力を自分自身に創造するのだ、と意志することが肝要である。

二〇二四年六月二日

〔6〕新たな実践の報告や理論展開を自分の既有の知識と対照して理解する傾向の克服を

われわれは、往々にして、同志の現時点における新たな実践の報告やその実践にかんする理論展開を読んだときに、これを、それに似た・自分の既有の知識と対照して理解してしまう。このばあいには、われわれは、自分が若いころに学んだ理論的諸規定とこれの物質的基礎をなす自分の実践や仲間たちの実践やまた過去的現実とを思いうかべているわけである。このようなものを思いうかべるのは、われわれにとっては、自分が若いころに学んだものや経験したことは自分の脳裏に深く刻みこまれており、鮮明に想起されてくるからであり、また、自分が力を入れて学んだり実践したりしたものとして大切なものであるからである。自己の内側からわきあがってくるこのようなものに規定されて、いま知ったものを、自己の既有の知識を基準にし尺度にしてみることになるのである。そうすると、自己の既有のこの知識が自分のなかで物事をおしはかる頑強な枠組みになってしまうのである。これが、同志の新たな実践や理論展開を、自分がすでにもっている枠組みにはめこんで理解する、という傾向におちいる構造をなす、と私は考える。
このことの実践的帰結は、自分が成長しない、ということである。自分の現在を自分の過去が支配しているからである。自分にとっては、現在の自分よりも過去の自分のほうが大切なものとなっているからである。

この自分を突破するためには、同志の新たな実践に肉迫する以外にない、と私は感じる。同志の実践とその実践にかんする理論展開を、自分にないもの、自分を超えるものと感じる自己否定の意識とどん欲さと感性を自分自身が獲得しなければならない、と私は思う。そして、新たな実践を遂行するために同志が発揮し貫徹した能力、自分にはないこの能力を自分は獲得するのだ、と意志し、この能力を獲得するために自己訓練をつみかさねなければならない、と私は考えるのである。

二〇二四年六月四日

〔7〕かつて全学連の反戦闘争に結集したメンバーは現実否定の能力がないままに育った危険性がある

「米・ソ核実験反対」の反戦闘争が展開されたよりも後年には、「米・ソ核軍事力増強競争反対」のスローガンを掲げた反戦闘争を全学連は推進した。

全学連のこの反戦闘争に結集した学生たちが、マル学同（員）や全学連フラクション（員）の働きかけをうけて自己を変革した、この自己変革には落とし穴があることを、われわれは考察しなければならない。これは、「米・ソ核実験反対」闘争において、「この反戦闘争を大衆運動としては大きくつくりだすことはできたけれども、組織づくりはうまくいかなかった」、と言われたのと同様の問題である。

たとえ、このメンバーが指導部から戦術内容をたたきこまれ、この戦術内容を主体化したとしても、「米・ソ核軍事力増強競争反対」であるかぎりは、アメリカ政府およびソ連政府に対決するということであり、自分自身は問われないのである。これが、日本政府の諸政策に反対する政治闘争や学費の引き上げに反対する学内闘争であったとしても、同じである。当該のメンバーにとっては、自分の外側のものに対決し反対する、ということになるのである。

このメンバーが全学連フラクションのメンバーになるときには、みんなと一緒に集団行動をとることができるかどうか、団子（だんご）生活が送れるかどうかということが問われる。このように規律を守るというかたちで、小ブルジョア的な自己から断絶し、ブルジョア的汚物を一掃して、組織的諸関係をつくることができるように人間的資質をつくりかえることが、自己変革である、ということになるのである。

だが、このことは、自分が、現実を否定する実践をなしうる人間になったことを何ら意味しないのである。あくまでも自分の外側のものに反対し、戦術内容を頭に入れて、規律を守って集団行動をとれる人間になった、というだけのことである。

黒田寛一が指導していた時代においてさえも、こういうメンバーが就職して労働戦線に移行したときには、自分の職場では何もできず、「解放」の配布というような組織の任務を担う、ということになったのである。あるいは、運よくそれなりに労働組合の活動がなされている職場に入ったばあいには、組合の役員になり、組合をまわすという活動に精を出し、労組幹部の下働きをやるということになったのである。

こういうメンバーは、職場の現実（現状）を否定するという感性と意志をもち貫徹する、ということがないのである。簡単にいって、現実否定がないのである。現状否定がないのである。学生戦線では、こういうものを自己につくりだすことはできなかった、ということなのである。

職場で、当人ではできないような過酷な仕事を命令され、もう職場をやめるかどうかというところにまで追いつめられている労働者がいるとしよう。自分が、この労働者を助けるために、管理者に、仕事を少し軽減してやってくれ、と言うのも、その労働者に、自分が少し分担しよう、と言うのも、あるいはまた、仕事が終わった後で、この労働者に話しかけて元気づけるのでさえも、大変なのである。自分が管理者から報復をうけるかもしれないし、自分にそうするだけの仕事上の力量があるのかということが問題となるし、また、その労働者に声をかけて彼の重荷を軽くするだけの能力が自分にあるのかということそれ自体が問われるからである。

自分が、この労働者を助ける行動をとる、ということが、自分の実践である。これが、私が右に書いた、職場の現実（現状）を否定するという感性と意志をもち貫徹する、ということなのである。

学生戦線から労働戦線に移行したメンバーには、現実（現状）を否定するこの実践の能力がないのである。これは、学生戦線では、労働者仲間を助けるためには自分が管理者からやられるかもしれないというような自己存在そのものが問われることのない、安全な地点に自分がいて、戦術内容を主体化し、団子生活のための資質の変革をやってきた、ということにもとづくのである。この安全な地点で、いくら「プロレタリア的人間の論理」の理論を主体化したとしても、それは、思想運動の思想のようなものなのである。

このようなメンバーは、現実否定の能力がない、といえるのであるが、自己存在を否定する感覚がない、というようにも言える。彼らは、直面した問題にたいして、自己の感覚と発想を、現存秩序を前提とし土台としたままにして働かせるのである。感覚が秩序的なものとなるというべきか。

このような自己を変革するためには、自分にはない・この現実否定の能力を、自分自身に創造しなければならない。それを獲得するために、自己を訓練しなければならない。

さらに、団子生活は、自己の能力に極端なばらつきをつくりだしたことを自覚しなければならない。その生活で訓練して身につけたものがあるのに比して、自分がまったく身につけていない能力がありうる、ということである。みんなで動いていることによってカバーされていたものがありうる、ということである。こういう自分にはない能力を自覚して、現在的に自己にその能力を創造することが肝要なのである。

「米・ソ核実験反対」というような革命的な戦術をうちだして大衆運動づくりと組織づくりをやっていれば、現実否定の意志と実践的能力をもった組織成員を創造しうる、ということではない、ということを、われわれは教訓としなければならない。

いま見てきた問題性の行きつく先は、「革マル派」中央官僚が、いま、日本民族が大切で大切でたまらない、阿佐ヶ谷姉妹の「自分大好き」ではないが、「日本民族大好き」という感覚になっていることを見れば、明らかであろう。

二〇二四年六月一〇日

〔8〕 労働組合や組合のない職場の労働者たち全員を資本にたいする戦闘部隊として組織しなければならない

イメージ的に言うならば、次のように言えよう。

われわれは、日常的に職場闘争を展開し、職場のみんなに働きかけ、労働組合と組合員たち全員・あるいは・組合のない職場の労働者たち全員を、政府および企業経営陣・管理者にたいする戦闘部隊として組織していかなければならない。

労働組合・組合員たち・職場の労働者たちをこのように組織する組織者の組織的結集体が、左翼フラクションである。

われわれは、組合員たち・労働者たちに、他の組合員たち・労働者たちを変革し組織する意欲をわきたたせ、そのような意欲とバネをもった組合員たち・労働者たちを結集して左翼フラクションを創造しなければならない。われわれは、左翼フラクションの会議において、この組織とそのメンバーたちそれぞれが他の組合員たち・労働者たちを変革し組織するために遂行した実践をめぐって論議し、彼らを共産主義者＝党員へとたかめていかなければならない。

二〇二四年六月一三日

編著者
松代秀樹（まつしろひでき）
著書 『「資本論」と現代資本主義』（こぶし書房）
『松崎明と黒田寛一、その挫折の深層』（プラズマ出版）など
真弓海斗（まゆみかいと）
論文 「内部思想闘争の現実を打開するための論議について」など

労働者階級の胎動
マルクス実践論の現代的適用

2024年11月7日　初版第1刷発行

編著者　松代秀樹・真弓海斗
発行所　株式会社プラズマ出版
〒274-0825
千葉県船橋市前原西6-1-5-506
TEL・FAX：047-779-1686
e-mail：plasma.pb.20@gmail.com
URL：https://plasmashuppan.webnode.jp/

ISBN978-4-910323-07-7　C0036